ANGELO SCIANGULA

SENZA LAVORO CON L'INTELLIGENZA ARTIFICIALE

CAMBIAMENTI ECONOMICI

1. **Fine del lavoro tradizionale** – Molti lavori saranno completamente automatizzati. 10 - 14

2. **Reddito Universale Garantito (RUG)** – I governi potrebbero fornire un reddito base a tutti. 15 - 20

3. **Fine della schiavitù del salario** – Le persone non dovranno lavorare per sopravvivere. 21 - 24

4. **Economia basata sul tempo libero** – Cresceranno settori legati all'intrattenimento e alla creatività. 25 - 29

5. **Inflazione ridotta grazie alla produzione automatizzata** – Il costo di beni e servizi potrebbe diminuire drasticamente. 30 - 34

6. **Fine del concetto di "orario lavorativo"** – Senza lavori tradizionali, il tempo sarà gestito diversamente. 35 - 38

7. **Redistribuzione della ricchezza** – Senza un sistema lavorativo, la distribuzione economica dovrà cambiare. 39 - 42

8. **Nuove forme di moneta digitale** – Potrebbero emergere valute alternative gestite dall'IA. 43 - 46

9. **Fine delle tasse sul reddito** – Il finanziamento pubblico potrebbe dipendere da tassazione aziendale e IA. 47 - 51

10. **Aziende senza lavoratori umani** – Saranno completamente gestite da algoritmi e robot. 52 - 56

IMPATTO SULLA SOCIETÀ

11. **Fine della disoccupazione** – Se non c'è lavoro, non esiste neanche il concetto di "disoccupato". 58 - 61

12. **Maggiore uguaglianza sociale** – L'IA potrebbe ridurre le differenze di reddito. 62 - 65

13. **Nuove disuguaglianze** – Il potere potrebbe concentrarsi nelle mani di chi possiede l'IA. 66 - 70

14. **Aumento della salute mentale** – Senza lo stress del lavoro, le persone potrebbero essere più felici. 71 - 74

15. **Maggiore tempo per famiglia e relazioni** – Le persone avranno più tempo per coltivare i rapporti personali. 75 - 78

16. **Città più vivibili** – Senza pendolarismo e orari rigidi, il traffico potrebbe diminuire. 79 - 82

17. **Nuove comunità basate su interessi e passioni** – La società potrebbe riorganizzarsi in modo diverso. 83 - 88

18. **Maggiore attenzione alla salute** – Più tempo per attività fisica e benessere. 89 - 92

19. **Fine della povertà estrema** – L'IA potrebbe garantire un accesso equo alle risorse. 93 - 96

20. **Aumento della creatività umana** – Le persone potrebbero dedicarsi ad arte, musica, scrittura e innovazione. 97 - 100

EDUCAZIONE E CONOSCENZA

21. **Fine dell'educazione tradizionale** – Le scuole potrebbero scomparire o trasformarsi radicalmente. 102 - 106

22. **Apprendimento personalizzato con IA** – Ogni persona potrebbe avere un'istruzione su misura. 107 - 112

23. **Accesso illimitato alla conoscenza** – L'informazione sarà disponibile in tempo reale ovunque. 113 - 118

24. **Fine delle università classiche** – L'istruzione accademica potrebbe essere sostituita da formazione continua con IA. 119 - 123

25. **Nuove forme di apprendimento pratico** – Le persone potrebbero imparare attraverso simulazioni immersive. 124 - 129

26. **Espansione della realtà virtuale educativa** – Le aule potrebbero diventare completamente digitali. 130 - 135

27. **Meno competizione scolastica** – Senza necessità di "prepararsi al lavoro", l'educazione sarà più libera. 136 - 141

28. **Accesso equo alle opportunità** – Tutti avranno le stesse possibilità di apprendimento. 142 - 147

29. **Cultura della curiosità** – La ricerca di nuove conoscenze sarà più valorizzata. 148 - 151

30. **Sviluppo di intelligenza collettiva** – La società potrebbe essere più collaborativa nella conoscenza. 152 - 157

NUOVE OCCUPAZIONI E PASSIONI

31. **Fine della produttività come valore dominante** – Il lavoro non sarà più il centro della vita umana. 159 - 163

32. **Crescita dell'arte e dell'intrattenimento** – La creatività umana diventerà ancora più importante. 164 - 168

33. **Crescita del turismo e delle esperienze** – Le persone avranno più tempo per viaggiare ed esplorare. 169 - 175

34. **Maggiore interesse per la filosofia e la spiritualità** – Le persone cercheranno nuovi significati nella vita. 176 - 182

35. **Boom dell'artigianato e delle attività manuali** – Alcuni potrebbero preferire costruire oggetti senza AI. 183 - 189

36. **Giochi e simulazioni immersive** – Realtà virtuale e aumentata diventeranno un nuovo mondo parallelo. 190 – 195

37. **Nuove forme di volontariato e servizio sociale** – L'umanità potrebbe orientarsi verso la cooperazione. 196 - 202

38. **Crescita delle comunità sostenibili** – L'indipendenza economica potrebbe rendere l'umanità più autosufficiente. 203 - 210

39. **Coltivazione di talenti unici** – Senza la pressione del lavoro, le persone potranno scoprire nuove abilità. 211 - 218

40. **Sperimentazione di stili di vita alternativi** – Le persone potrebbero vivere in modi totalmente diversi da oggi. 219 - 226

TECNOLOGIA E FUTURO

41. **Aumento dell'interazione con IA personali** – Avremo assistenti digitali sempre più avanzati. 228 - 235

42. **Fine della burocrazia** – Tutto sarà automatizzato e senza ritardi. 236 - 243

43. **Espansione della realtà virtuale come seconda vita** – Potremmo passare più tempo nel mondo digitale che in quello fisico. 244 - 247

44. **Colonizzazione dello spazio** – Senza il vincolo del lavoro, potremmo esplorare nuove frontiere. 248 - 251

45. **Crescita delle città smart** – Automazione totale della gestione urbana. 252 - 256

46. **Nuove forme di democrazia con IA** – L'intelligenza artificiale potrebbe aiutare nelle decisioni politiche. 257 - 261

47. **Maggiore durata della vita** – Con più ricerca e medicina avanzata, le persone vivranno più a lungo. 262 - 266

48. **Fine dell'idea di "pensionamento"** – Non ci sarà più un'età per smettere di lavorare. 267 - 271

49. **Aumento della simbiosi uomo-macchina** – Potremmo integrare l'IA nei nostri corpi e cervelli. 272 - 276

50. **Un nuovo senso di esistenza** – Con il lavoro fuori dall'equazione, l'umanità dovrà ridefinire il suo scopo. 277 - 281

CAMBIAMENTI ECONOMICI

1. Fine del lavoro tradizionale – Molti lavori saranno completamente automatizzati

Introduzione

L'automazione sta rapidamente trasformando il mondo del lavoro. Processi che fino a poco tempo fa erano svolti esclusivamente da esseri umani vengono ora gestiti da macchine, algoritmi e intelligenza artificiale. Questo fenomeno sta portando alla scomparsa di molte professioni tradizionali, modificando radicalmente il concetto stesso di impiego e il ruolo dell'uomo nella produzione economica.

L'impatto dell'automazione sui lavori tradizionali

Molti settori stanno già sperimentando una massiccia riduzione della forza lavoro a causa dell'automazione. La logistica, la manifattura, la vendita al dettaglio, il trasporto e persino alcuni ambiti del settore terziario sono sempre più dominati da tecnologie avanzate.

- **Industria manifatturiera**: Le fabbriche moderne impiegano robot altamente specializzati che sostituiscono operai in compiti ripetitivi e pericolosi. Le catene di montaggio, un tempo animate da migliaia di lavoratori, oggi funzionano con una minima supervisione umana.

- **Trasporti e logistica**: Camion a guida autonoma, droni per le consegne e magazzini completamente automatizzati riducono il bisogno di autisti, magazzinieri e spedizionieri.

- **Servizi bancari e finanziari**: Le operazioni bancarie, un tempo gestite da impiegati, vengono ora elaborate da software e chatbot, riducendo la necessità di personale nelle filiali fisiche.

- **Vendita al dettaglio**: I supermercati stanno introducendo casse automatiche e sistemi di pagamento digitali che eliminano progressivamente il ruolo dei cassieri.

- **Settore legale e amministrativo**: Software avanzati sono in grado di analizzare documenti legali e amministrativi con maggiore efficienza rispetto agli esseri umani, sostituendo gran parte del lavoro di avvocati, contabili e funzionari pubblici.

L'intelligenza artificiale e la sostituzione del lavoro umano

L'intelligenza artificiale sta portando l'automazione a un nuovo livello. Se in passato le macchine sostituivano compiti manuali e ripetitivi, oggi gli algoritmi di apprendimento automatico riescono a svolgere attività complesse che richiedono analisi, giudizio e persino creatività. Ad esempio:

- **Sanità**: Diagnosi mediche e analisi radiologiche vengono sempre più affidate all'IA, riducendo la necessità di specialisti umani.

- **Giornalismo e creazione di contenuti**: Algoritmi avanzati sono in grado di scrivere articoli, creare musica e persino produrre opere d'arte.

- **Assistenza clienti**: Chatbot sofisticati gestiscono milioni di richieste senza bisogno di operatori umani.

- **Educazione**: I sistemi di apprendimento adattativo personalizzano l'istruzione e riducono il ruolo degli insegnanti tradizionali.

Conseguenze sociali ed economiche della fine del lavoro tradizionale

L'automazione promette maggiore efficienza e produttività, ma pone anche sfide significative per la società.

Disoccupazione di massa e disuguaglianze

Con milioni di posti di lavoro eliminati, la disoccupazione potrebbe raggiungere livelli senza precedenti. Coloro che non possiedono competenze tecnologiche avanzate rischiano di rimanere esclusi dal mercato del lavoro, aumentando la disparità economica tra chi controlla le tecnologie e chi ne subisce gli effetti.

Nuove opportunità lavorative

Sebbene molte professioni scompaiano, ne emergeranno di nuove legate all'IA, alla robotica e alla gestione delle tecnologie avanzate. Tuttavia, queste posizioni richiedono competenze specifiche, rendendo necessario un massiccio investimento nella formazione e nella riqualificazione dei lavoratori.

Reddito universale e nuove forme di welfare

Alcuni economisti e politici propongono il reddito universale come soluzione alla perdita di lavoro su larga scala. Garantire un sostegno economico indipendente dall'occupazione potrebbe essere essenziale per mantenere la stabilità sociale.

Il futuro del lavoro: scenari possibili

1. **Dominio dell'automazione totale**: Lavoro umano ridotto al minimo, con la gestione dell'economia affidata a macchine intelligenti.

2. **Collaborazione uomo-macchina**: Lavoratori affiancati da robot e IA per aumentare produttività e creatività.

3. **Rivoluzione del lavoro creativo**: Con l'automazione delle attività ripetitive, l'umanità potrebbe dedicarsi ad arte, ricerca e innovazione.

Conclusione

La fine del lavoro tradizionale non è un'ipotesi lontana, ma una trasformazione in corso. Il modo in cui la società affronterà questa rivoluzione determinerà il futuro economico e sociale delle prossime generazioni. Adattarsi a questo cambiamento sarà essenziale per costruire un mondo in cui la tecnologia non sostituisce semplicemente il lavoro umano, ma lo migliora e lo rende più significativo.

2. Reddito Universale Garantito (RUG) – I governi potrebbero fornire un reddito base a tutti

Introduzione

Il concetto di Reddito Universale Garantito (RUG) sta guadagnando sempre più attenzione nel dibattito politico ed economico globale. Si tratta di una misura in cui i governi forniscono un reddito minimo a tutti i cittadini, indipendentemente dalla loro condizione lavorativa o economica. Questa idea nasce come risposta alla crescente automazione, alla precarizzazione del lavoro e alle disuguaglianze sociali.

Cos'è il Reddito Universale Garantito?

Il Reddito Universale Garantito è un pagamento periodico erogato dallo Stato a ogni individuo senza alcuna condizione o obbligo di lavoro. Le sue caratteristiche principali includono:

- **Universalità**: Ogni cittadino riceve il reddito, indipendentemente dalla propria occupazione o situazione finanziaria.

- **Incondizionalità**: Non ci sono requisiti specifici da soddisfare per riceverlo.

- **Sufficienza**: L'importo deve essere abbastanza alto da coprire i bisogni di base, come cibo, alloggio e sanità.

Motivazioni per l'implementazione del RUG

Diverse ragioni spingono economisti e politici a considerare il Reddito Universale Garantito:

1. **Automazione e perdita di lavoro**: Con l'aumento dell'intelligenza artificiale e della robotica, molti lavori tradizionali stanno scomparendo. Il RUG potrebbe garantire una rete di sicurezza per chi perde il lavoro a causa dell'automazione.

2. **Riduzione della povertà**: Un reddito garantito potrebbe eliminare la povertà estrema, offrendo a tutti una base economica solida.

3. **Miglioramento della salute e del benessere**: Con la sicurezza economica, le persone possono ridurre lo stress legato alla sopravvivenza e concentrarsi su aspetti più significativi della vita, come la salute, l'istruzione e la crescita personale.

4. **Semplificazione del welfare**: Il RUG potrebbe sostituire molteplici programmi di assistenza sociale, riducendo la burocrazia e aumentando l'efficienza.

Esperimenti e studi sul RUG

Diverse nazioni hanno testato il Reddito Universale Garantito con progetti pilota:

- **Finlandia (2017-2019)**: Un programma pilota ha fornito un reddito di base a 2.000 disoccupati, mostrando miglioramenti nel benessere e nella sicurezza finanziaria, anche se con effetti limitati sull'occupazione.

- **Canada (Ontario, 2017-2018)**: Il governo ha sperimentato il RUG per alcune migliaia di cittadini prima di interrompere il programma per motivi politici.

- **Stati Uniti (Stockton, California)**: Un progetto pilota ha dato 500 dollari al mese a 125 residenti a basso reddito, con risultati positivi in termini di benessere e occupazione.

Benefici del RUG

1. Stabilità economica e sicurezza finanziaria

Il RUG potrebbe ridurre la precarietà economica, garantendo che tutti abbiano accesso ai beni di prima necessità.

2. Incentivo all'innovazione e all'imprenditorialità

Con una rete di sicurezza finanziaria, le persone potrebbero sentirsi più sicure nel rischiare e avviare nuove attività senza la paura di fallire economicamente.

3. Miglioramento della qualità della vita

Le persone potrebbero dedicare più tempo alla formazione, alla cura dei figli o agli interessi personali, migliorando il benessere generale della società.

Critiche e sfide del RUG

1. **Costo elevato**: Una delle principali preoccupazioni riguarda la sostenibilità finanziaria. I governi dovrebbero raccogliere ingenti fondi attraverso tasse o nuove politiche economiche.

2. **Disincentivo al lavoro**: Alcuni critici sostengono che un reddito garantito potrebbe ridurre la motivazione a cercare un impiego.

3. **Inflazione**: Se tutti ricevessero un reddito fisso, la domanda di beni e servizi potrebbe aumentare, portando a un rialzo dei prezzi.

4. **Sostituzione del welfare tradizionale**: Alcuni temono che il RUG possa sostituire programmi sociali esistenti, privando determinate categorie di aiuti specifici.

Possibili soluzioni per la sostenibilità del RUG

1. **Tassazione progressiva**: Aumentare le tasse sui redditi più alti e sulle grandi aziende per finanziare il reddito universale.

2. **Tassazione sulle transazioni finanziarie:** Un'imposta sulle transazioni digitali o sulle grandi imprese tecnologiche potrebbe fornire entrate per il RUG.

3. **Sostituzione parziale del welfare:** Unendo alcune forme di assistenza sociale al RUG, si potrebbe ridurre la burocrazia e migliorare l'efficienza del sistema.

4. **Automazione e tassazione sui robot:** Una tassa sui robot e sulle aziende che automatizzano i posti di lavoro potrebbe finanziare il reddito universale.

Scenari futuri con il RUG

1. **Società senza povertà:** Il RUG potrebbe eliminare la povertà e ridurre le disuguaglianze economiche.

2. **Nuovo modello di lavoro:** Il lavoro potrebbe diventare più flessibile, con le persone che scelgono di dedicarsi a attività più creative e significative.

3. **Maggiore benessere collettivo:** Con meno stress finanziario, la popolazione potrebbe sperimentare un aumento del benessere e della salute mentale.

Conclusione

Il Reddito Universale Garantito rappresenta una possibile soluzione alle sfide dell'automazione e della precarietà economica. Sebbene presenti vantaggi significativi, la sua attuazione richiede un'attenta pianificazione economica e politica. Se implementato correttamente, potrebbe trasformare la società, creando un sistema economico più equo e sostenibile.

3. Fine della schiavitù del salario – Le persone non dovranno lavorare per sopravvivere

Introduzione

La schiavitù del salario è un concetto che descrive la condizione in cui gli individui devono lavorare per sopravvivere, spesso in impieghi che non scelgono liberamente e che li privano di autonomia e qualità della vita. Con l'automazione, il progresso tecnologico e l'evoluzione economica, il paradigma del lavoro potrebbe cambiare radicalmente, portando alla fine della necessità di lavorare solo per guadagnarsi da vivere.

La schiavitù del salario: una realtà moderna

Nel mondo odierno, la maggior parte delle persone deve lavorare per coprire le spese essenziali come cibo, alloggio e sanità. Questo sistema porta a numerose problematiche:

- **Stress e alienazione**: Molti lavoratori sono costretti a svolgere mansioni ripetitive e prive di soddisfazione personale.

- **Disuguaglianze economiche**: La distribuzione della ricchezza è sbilanciata, con pochi che accumulano enormi risorse mentre la maggioranza fatica a mantenere una stabilità finanziaria.

21

- **Limitazione della libertà personale**: Il bisogno di guadagnare impedisce a molte persone di perseguire le proprie passioni o di dedicarsi ad attività che migliorano la società.

Come potrebbe finire la schiavitù del salario?

1. Automazione e riduzione del lavoro umano

L'Intelligenza Artificiale e la robotica stanno già sostituendo numerosi lavori manuali e intellettuali. Se questo processo continuerà, la necessità di un'occupazione per tutti potrebbe diminuire drasticamente.

2. Reddito Universale Garantito (RUG)

Un sistema di reddito universale fornirebbe a tutti una somma di denaro sufficiente per coprire i bisogni essenziali, eliminando la dipendenza dal lavoro per la sopravvivenza.

3. Economia basata sulla ridistribuzione della ricchezza

Un modello economico più equo, con una distribuzione della ricchezza più bilanciata, potrebbe consentire a tutti di vivere dignitosamente senza essere costretti a lavorare per necessità.

4. Riduzione dell'orario lavorativo

Se il lavoro fosse ridotto a poche ore settimanali grazie alla tecnologia, le persone avrebbero più tempo per la creatività, l'apprendimento e il benessere personale.

Vantaggi della fine della schiavitù del salario

1. **Maggior benessere mentale e fisico**

   o Con meno stress legato alla sopravvivenza economica, la qualità della vita migliorerebbe significativamente.

2. **Aumento della creatività e dell'innovazione**

   o Le persone potrebbero dedicarsi a progetti innovativi e artistici, senza la pressione finanziaria del lavoro.

3. **Crescita dell'economia del dono e della condivisione**

   o Con una maggiore sicurezza economica, la società potrebbe basarsi su modelli collaborativi piuttosto che su una competizione esasperata.

4. **Sostenibilità ambientale**

   o Con meno necessità di produrre beni superflui per il mercato del lavoro, si potrebbe ridurre il consumo e l'impatto ambientale.

Sfide e ostacoli alla transizione

- **Resistenza delle élite economiche**: Coloro che detengono il potere economico potrebbero opporsi a un cambiamento che riduca la loro influenza.

- **Cambiamenti culturali**: Molti sono abituati all'idea che il lavoro sia necessario per definire il proprio valore sociale.

- **Sostenibilità finanziaria**: La transizione verso un sistema senza lavoro forzato richiederebbe nuovi modelli economici.

Conclusione

La fine della schiavitù del salario è una possibilità concreta grazie ai progressi tecnologici e alle nuove idee economiche. Garantire che nessuno debba lavorare per sopravvivere potrebbe portare a una società più equa, creativa e sostenibile. Tuttavia, questa transizione richiede un cambiamento radicale nelle strutture economiche e culturali attuali.

4. Economia basata sul tempo libero – Cresceranno settori legati all'intrattenimento e alla creatività

Introduzione

L'evoluzione tecnologica e l'automazione stanno riducendo il tempo necessario per il lavoro produttivo, aprendo la strada a un'economia basata sul tempo libero. In questo nuovo scenario, il lavoro tradizionale perderà centralità e cresceranno i settori legati all'intrattenimento, alla creatività e al benessere personale. La società potrebbe così spostarsi da un modello incentrato sulla produttività a uno che valorizza la realizzazione individuale e collettiva.

Cos'è l'economia basata sul tempo libero?

L'economia del tempo libero si riferisce a un sistema in cui il valore economico principale non deriva più dal lavoro forzato, ma dall'intrattenimento, dall'arte, dalla cultura e da esperienze significative. Questo cambiamento è reso possibile da diversi fattori:

- **Automazione e Intelligenza Artificiale**: La progressiva eliminazione di mansioni lavorative riduce la necessità di occupazione full-time.

- **Reddito Universale Garantito (RUG)**: Un sostegno economico di base permette alle persone di

25

investire il proprio tempo in attività creative e ricreative.

- **Crescita dell'economia dell'esperienza**: Le persone cercano sempre più esperienze significative, piuttosto che il semplice possesso di beni materiali.

I settori che cresceranno nell'economia del tempo libero

1. Intrattenimento e media

Il settore dell'intrattenimento vedrà una crescita esponenziale con una maggiore domanda di contenuti di qualità:

- **Streaming e produzione audiovisiva**: Film, serie TV, podcast e contenuti digitali cresceranno per soddisfare la domanda di svago.

- **Videogiochi e realtà virtuale**: Con più tempo libero a disposizione, i videogiochi diventeranno una componente ancora più centrale della cultura globale.

- **Eventi dal vivo**: Concerti, festival e spettacoli teatrali aumenteranno in frequenza e varietà.

2. Arti e creatività

La fine del lavoro forzato libererà risorse e tempo per la produzione artistica:

- **Musica, pittura e letteratura**: Con meno preoccupazioni economiche, più persone si dedicheranno alle arti.

- **Piattaforme di contenuti indipendenti**: Artisti e creatori di contenuti potranno sostenersi grazie a meccanismi come il crowdfunding e gli abbonamenti diretti.

- **Artigianato e produzione indipendente**: La domanda di prodotti unici e personalizzati crescerà.

3. Turismo ed esperienze culturali

Con una maggiore disponibilità di tempo e risorse, il turismo diventerà una parte centrale dell'economia:

- **Viaggi esperienziali**: Le persone cercheranno esperienze uniche, come ritiri spirituali e viaggi avventurosi.

- **Ecoturismo e turismo sostenibile**: Il rispetto dell'ambiente diventerà un criterio centrale nella scelta delle destinazioni.

- **Musei interattivi e parchi tematici**: L'innovazione digitale offrirà nuove esperienze immersive.

4. Benessere e sviluppo personale

L'attenzione alla salute fisica e mentale crescerà, portando a un'espansione dei settori legati al benessere:

- **Fitness e sport**: Palestre, corsi di yoga, sport alternativi e attività fisiche personalizzate vedranno una crescita costante.

- **Meditazione e mindfulness**: Tecniche per ridurre lo stress e migliorare la qualità della vita saranno sempre più richieste.

- **Corsi di formazione e apprendimento continuo**: L'educazione non sarà più solo un mezzo per trovare lavoro, ma un percorso di crescita personale.

Impatto sociale ed economico

1. Nuovi modelli di lavoro e occupazione

L'idea di una carriera lavorativa tradizionale scomparirà progressivamente:

- Lavori flessibili e progetti autonomi diventeranno la norma.

- La distinzione tra lavoro e tempo libero sarà meno netta.

2. Redistribuzione della ricchezza

- I governi dovranno sviluppare nuove strategie per distribuire la ricchezza generata dall'automazione.

- Il concetto di proprietà cambierà: il valore economico si sposterà dalle cose materiali alle esperienze.

3. Cambiamenti culturali

- La società darà più valore al tempo libero e alla creatività rispetto alla produttività forzata.

- Il successo non sarà più misurato in termini di guadagno, ma in termini di realizzazione personale e impatto sulla comunità.

Conclusione

L'economia del tempo libero rappresenta un'opportunità per costruire una società più equa e creativa. Con meno dipendenza dal lavoro tradizionale, le persone potranno dedicarsi a passioni, esperienze ed espressione personale, trasformando profondamente il nostro modo di vivere. Tuttavia, questa transizione richiede politiche innovative e un cambiamento di mentalità collettivo.

5. Inflazione ridotta grazie alla produzione automatizzata – Il costo di beni e servizi potrebbe diminuire drasticamente

Introduzione

L'inflazione è una delle principali preoccupazioni economiche, influenzando il potere d'acquisto dei cittadini e la stabilità finanziaria delle nazioni. Tuttavia, la produzione automatizzata, grazie all'intelligenza artificiale, alla robotica e alle tecnologie avanzate, potrebbe portare a una significativa riduzione dell'inflazione. Automatizzando la produzione e abbattendo i costi operativi, il prezzo di beni e servizi potrebbe diminuire drasticamente, trasformando radicalmente l'economia globale.

Come la produzione automatizzata riduce i costi

L'automazione influisce sui costi di produzione in diversi modi:

- **Eliminazione dei costi del lavoro umano**: La riduzione della necessità di manodopera abbassa i salari complessivi da pagare.

- **Maggiore efficienza produttiva**: I robot e le macchine possono lavorare 24/7 senza pause, aumentando la produttività.

- **Meno sprechi e scarti**: I sistemi automatizzati riducono gli errori e migliorano l'uso delle materie prime.

- **Energia e risorse ottimizzate**: Le fabbriche automatizzate utilizzano meno energia grazie a processi più efficienti.

Settori che beneficeranno della riduzione dell'inflazione

1. Industria manifatturiera

L'automazione nelle fabbriche sta già riducendo i costi di produzione:

- Produzione di massa più veloce ed economica.

- Riduzione della dipendenza da fornitori esteri.

- Innovazione nei materiali per prodotti più sostenibili ed economici.

2. Settore alimentare

La produzione agricola e la distribuzione alimentare automatizzate potrebbero portare a una riduzione dei prezzi:

- Coltivazione con droni e IA per massimizzare i raccolti.

- Sistemi di distribuzione robotizzati che eliminano i costi logistici.

- Meno scarti alimentari grazie a una gestione più efficiente della produzione.

3. Settore energetico

L'automazione nella produzione e distribuzione dell'energia potrebbe abbassare i costi dell'elettricità:

- Pannelli solari e turbine eoliche gestiti da IA per ottimizzare la produzione.
- Reti elettriche intelligenti che riducono gli sprechi.
- Minore dipendenza dai combustibili fossili e maggiore uso di energia rinnovabile.

4. Sanità e farmaceutica

L'intelligenza artificiale e la robotica stanno rivoluzionando il settore sanitario:

- Diagnosi mediche più veloci e precise grazie agli algoritmi avanzati.
- Produzione di farmaci automatizzata con costi ridotti.
- Robot chirurghi che abbassano le spese ospedaliere.

5. Logistica e trasporti

I costi dei trasporti influenzano direttamente il prezzo finale dei beni:

- Veicoli a guida autonoma riducono i costi di trasporto.
- Magazzini automatizzati ottimizzano la distribuzione.
- Droni per le consegne riducono i costi di spedizione.

Impatto sociale ed economico della riduzione dell'inflazione

1. Aumento del potere d'acquisto

Con la riduzione dei prezzi, le famiglie potranno acquistare più beni e servizi con lo stesso reddito.

2. Crescita del benessere collettivo

Meno inflazione significa più stabilità economica e una minore necessità di interventi governativi per contrastare l'aumento del costo della vita.

3. Cambiamento nel mercato del lavoro

Con l'automazione, alcuni lavori tradizionali scompariranno, ma emergeranno nuove professioni legate alla gestione delle tecnologie.

Sfide e rischi della produzione automatizzata

- **Disoccupazione tecnologica**: La perdita di lavori tradizionali potrebbe creare squilibri sociali.

- **Monopolizzazione del mercato**: Le aziende che controllano l'automazione potrebbero accumulare troppo potere.

- **Riorganizzazione della distribuzione del reddito**: I governi dovranno trovare nuove soluzioni per garantire equità economica.

Conclusione

L'automazione nella produzione di beni e servizi ha il potenziale di ridurre drasticamente l'inflazione, migliorando la qualità della vita e l'accessibilità economica. Tuttavia, per garantire un futuro sostenibile, sarà necessario affrontare le sfide legate alla redistribuzione del reddito e all'occupazione. Con politiche adeguate, questa trasformazione potrebbe portare a un'era di abbondanza economica e maggiore equità globale.

6. Fine del concetto di "orario lavorativo" – Senza lavori tradizionali, il tempo sarà gestito diversamente

Introduzione

Per secoli, la società ha strutturato la vita delle persone attorno al concetto di orario lavorativo. L'idea di dover lavorare un numero fisso di ore al giorno è stata la base dell'economia moderna. Tuttavia, con l'automazione e l'evoluzione dei modelli economici, il lavoro tradizionale potrebbe diventare obsoleto, portando alla fine dell'orario lavorativo come lo conosciamo oggi. Questo cambiamento avrà profonde implicazioni sulla gestione del tempo, sulle strutture sociali e sulla qualità della vita.

Come siamo arrivati all'orario lavorativo moderno?

L'orario di lavoro è nato come risposta alle esigenze della produzione industriale:

- **Rivoluzione Industriale**: Lavoro in fabbrica regolato da turni e orari fissi.

- **20° secolo e sindacati**: Introduzione della giornata lavorativa di 8 ore.

- **Società contemporanea**: Modelli flessibili, ma ancora legati a una struttura rigida.

Cosa potrebbe sostituire l'orario lavorativo?

1. Automazione e riduzione della necessità di lavoro umano

L'intelligenza artificiale e la robotica stanno sostituendo molti ruoli tradizionali. Questo permetterà di ridurre o eliminare la necessità di un orario lavorativo fisso.

2. Lavoro per obiettivi e progetti

Invece di orari rigidi, le persone potrebbero dedicarsi a progetti autonomi, lavorando solo quando necessario o quando lo desiderano.

3. Reddito Universale Garantito (RUG)

Con un reddito di base fornito dallo Stato, le persone non dovranno più lavorare per sopravvivere, permettendo una gestione autonoma del tempo.

4. Economia del tempo libero

Se il lavoro non sarà più un obbligo, le persone potrebbero investire il loro tempo in attività creative, culturali e sociali.

Come cambierà la gestione del tempo?

1. Maggiore libertà personale

Le persone potranno decidere autonomamente come gestire il proprio tempo senza essere vincolate a orari fissi.

2. Riorganizzazione delle città e degli spazi pubblici

Se il lavoro non sarà più centrale, le città potrebbero essere progettate per la socializzazione, la cultura e il benessere, anziché per la produttività.

3. Nuovo equilibrio tra vita e attività produttive

Con la fine dell'orario lavorativo, le persone potranno bilanciare meglio tempo libero, apprendimento e contributo sociale.

Impatto sulla società

1. Riduzione dello stress e aumento della qualità della vita

Senza la pressione degli orari, le persone potrebbero vivere in modo più rilassato e creativo.

2. Nuove opportunità educative e creative

Con più tempo libero, ci sarà una crescita nei settori dell'istruzione e della creatività.

3. Cambiamenti economici e politici

I governi dovranno ripensare il sistema economico, ridistribuendo le risorse per garantire la stabilità sociale.

Conclusione

La fine dell'orario lavorativo rappresenta un cambiamento epocale che ridefinirà il concetto di tempo e produttività. Grazie all'automazione e a nuove politiche economiche, il lavoro tradizionale potrebbe lasciare spazio a un nuovo modello basato sulla libertà, la creatività e il benessere personale.

7. Redistribuzione della ricchezza – Senza un sistema lavorativo, la distribuzione economica dovrà cambiare

Introduzione

Il mondo sta attraversando una trasformazione radicale nel modo in cui la ricchezza viene generata e distribuita. Con l'automazione e la progressiva riduzione dei lavori tradizionali, il sistema economico dovrà adattarsi per garantire che la ricchezza sia equamente distribuita tra la popolazione. Senza un'economia basata sul lavoro retribuito, nuovi modelli di redistribuzione diventeranno necessari per mantenere la stabilità sociale e il benessere collettivo.

L'attuale problema della distribuzione economica

Nel sistema attuale, la ricchezza è distribuita in modo altamente squilibrato:

- **Concentrazione della ricchezza**: Una piccola percentuale della popolazione possiede la maggior parte delle risorse finanziarie.

- **Dipendenza dal reddito da lavoro**: La maggior parte delle persone guadagna denaro esclusivamente attraverso l'occupazione.

- **Aumento della precarietà:** Molti lavori stanno diventando temporanei, mal pagati e incerti, aumentando la disparità economica.

Perché la redistribuzione della ricchezza sarà necessaria?

1. Automazione e disoccupazione di massa

Con l'introduzione dell'intelligenza artificiale e della robotica, milioni di posti di lavoro verranno eliminati, rendendo impossibile per molti sostenersi con il lavoro tradizionale.

2. Declino del lavoro come fonte principale di reddito

Se la produzione economica sarà gestita dalle macchine, il lavoro umano non sarà più il principale mezzo di accesso alle risorse.

3. Necessità di una nuova economia equa e sostenibile

Per evitare una crisi sociale, sarà fondamentale creare nuovi meccanismi di distribuzione della ricchezza che non si basino sull'occupazione.

Modelli di redistribuzione della ricchezza

1. Reddito Universale Garantito (RUG)

Un reddito di base distribuito a tutti i cittadini potrebbe garantire la sopravvivenza senza la necessità di un lavoro tradizionale.

2. Tassazione delle aziende automatizzate

Le imprese che utilizzano l'automazione su larga scala potrebbero essere tassate per finanziare la redistribuzione della ricchezza.

3. Condivisione della proprietà aziendale

I lavoratori potrebbero ricevere quote di proprietà nelle aziende, ottenendo una parte dei profitti generati dall'automazione.

4. Economia del tempo libero e della creatività

In un mondo senza necessità di lavoro obbligatorio, il valore economico potrebbe derivare da attività creative, educative e sociali.

Impatto della redistribuzione sulla società

1. Maggiore equità e giustizia sociale

Con una distribuzione più equa della ricchezza, le disuguaglianze economiche si ridurrebbero drasticamente.

2. Miglioramento della qualità della vita

Le persone avrebbero più tempo per sviluppare talenti, interessi e relazioni personali, portando a un aumento generale del benessere.

3. Riduzione della criminalità e delle tensioni sociali

Con meno disparità economica, i conflitti sociali potrebbero diminuire e la sicurezza generale aumenterebbe.

Sfide nella transizione a un nuovo modello economico

- **Resistenza delle élite economiche**: Chi possiede la ricchezza potrebbe opporsi a un nuovo sistema di distribuzione.

- **Adattamento della mentalità collettiva**: La società dovrà superare l'idea che il valore di una persona dipenda dal lavoro retribuito.

- **Creazione di un sistema finanziario sostenibile**: I governi dovranno trovare il giusto equilibrio tra crescita economica e redistribuzione equa.

Conclusione

La fine del lavoro tradizionale richiederà un cambiamento radicale nella distribuzione della ricchezza. Senza un sistema che si basi sull'occupazione, sarà fondamentale sviluppare nuovi modelli economici che garantiscano equità e stabilità. La redistribuzione della ricchezza non sarà solo una questione di giustizia sociale, ma una necessità per costruire una società sostenibile e prospera per tutti.

8. Nuove forme di moneta digitale – Potrebbero emergere valute alternative gestite dall'IA

Introduzione

L'evoluzione delle tecnologie digitali, l'intelligenza artificiale (IA) e la blockchain stanno trasformando il concetto di moneta. Le valute tradizionali, emesse dai governi, potrebbero essere sostituite o affiancate da nuove forme di moneta digitale gestite dall'IA. Queste valute alternative potrebbero rivoluzionare l'economia globale, offrendo maggiore efficienza, sicurezza e accessibilità.

Cos'è una moneta digitale gestita dall'IA?

Una moneta digitale gestita dall'IA sarebbe una valuta basata su algoritmi avanzati, in grado di adattarsi dinamicamente alle condizioni economiche globali. Le sue caratteristiche principali includerebbero:

- **Autoregolazione**: L'IA potrebbe gestire la stabilità del valore senza interventi umani.

- **Transazioni automatizzate**: Scambi immediati e sicuri grazie alla blockchain e agli smart contracts.

- **Personalizzazione economica**: Possibilità di adattare la valuta alle esigenze specifiche di ogni utente o settore economico.

43

Perché le valute digitali gestite dall'IA potrebbero emergere?

1. Declino delle valute tradizionali

L'instabilità economica e l'inflazione stanno minando la fiducia nelle valute fiat. Le criptovalute hanno già dimostrato che esistono alternative valide.

2. Crescita dell'automazione e dell'IA

Con un'economia sempre più automatizzata, le valute tradizionali potrebbero risultare inefficienti rispetto a una moneta digitale gestita direttamente da sistemi intelligenti.

3. Necessità di transazioni più rapide ed efficienti

Le banche e le istituzioni finanziarie sono lente e costose rispetto alle criptovalute. Un sistema basato sull'IA potrebbe eliminare questi problemi.

Come funzionerebbe una moneta digitale gestita dall'IA?

1. Algoritmi di stabilizzazione

L'IA potrebbe monitorare l'offerta e la domanda della valuta per evitare svalutazioni o speculazioni eccessive.

2. Contratti intelligenti (smart contracts)

Le transazioni potrebbero essere gestite automaticamente senza necessità di intermediari, garantendo trasparenza e sicurezza.

3. Adattabilità economica

L'IA potrebbe regolare il valore della moneta in base ai bisogni della società, supportando settori in difficoltà e ottimizzando la distribuzione della ricchezza.

Esempi di possibili valute digitali IA

1. Monete locali decentralizzate

L'IA potrebbe creare valute specifiche per singole comunità o settori economici.

2. Valute globali IA-regolate

Una moneta digitale internazionale che non sia controllata da un singolo governo, ma da un'IA imparziale.

3. Valute basate sul valore del tempo e delle competenze

Sistemi che assegnano valore economico al tempo libero o alle competenze individuali, riducendo la necessità di denaro tradizionale.

Impatto delle valute IA sull'economia globale

1. Maggiore inclusione finanziaria

Le persone senza accesso ai sistemi bancari tradizionali potrebbero utilizzare valute digitali per partecipare all'economia globale.

2. Eliminazione delle frodi e della corruzione

Le transazioni automatizzate e trasparenti potrebbero ridurre l'evasione fiscale e le attività illecite.

3. Nuovi modelli economici

Con monete digitali adattabili, l'economia potrebbe diventare più equa e basata sulle esigenze reali delle persone, anziché sulle decisioni di governi e istituzioni finanziarie.

Sfide e rischi delle valute IA

- **Regolamentazione**: I governi potrebbero opporsi alla perdita di controllo sulle valute tradizionali.

- **Sicurezza informatica**: Necessità di protezione contro attacchi hacker.

- **Dipendenza dall'IA**: Un sistema completamente automatizzato potrebbe creare nuovi rischi se non adeguatamente supervisionato.

Conclusione

Le valute digitali gestite dall'IA potrebbero rappresentare il futuro dell'economia globale. Con transazioni più rapide, una maggiore stabilità e un'inclusione finanziaria senza precedenti, queste nuove forme di moneta potrebbero trasformare radicalmente il modo in cui le persone gestiscono e utilizzano il denaro. Tuttavia, la loro implementazione richiederà un'attenta regolamentazione e strategie per garantire sicurezza e trasparenza.

9. Fine delle tasse sul reddito – Il finanziamento pubblico potrebbe dipendere da tassazione aziendale e IA

Introduzione

Il sistema fiscale attuale si basa in gran parte sulla tassazione del reddito personale, un modello che potrebbe diventare obsoleto con l'avanzamento dell'automazione e dell'intelligenza artificiale. In un futuro in cui il lavoro tradizionale sarà meno diffuso e la produzione economica sarà gestita da macchine e aziende altamente automatizzate, il finanziamento pubblico potrebbe dipendere principalmente dalla tassazione aziendale e da sistemi IA.

Perché eliminare le tasse sul reddito?

1. **Diminuzione del lavoro umano tradizionale**

   o Con l'automazione, sempre meno persone avranno un reddito da lavoro convenzionale.

   o Tassare il reddito diventerebbe inefficace, poiché una parte crescente della popolazione potrebbe non avere uno stipendio fisso.

2. **Miglioramento del potere d'acquisto**

47

- Senza tasse sul reddito, le persone avrebbero più denaro disponibile per consumi e investimenti.
- Un sistema fiscale alternativo potrebbe distribuire la ricchezza in modo più equo.

3. **Riduzione della burocrazia fiscale**

- L'eliminazione della tassazione sul reddito personale ridurrebbe la complessità amministrativa e i costi di gestione del sistema fiscale.
- I governi potrebbero concentrare le risorse su metodi di tassazione più efficienti.

Fonti alternative di finanziamento pubblico

1. Tassazione sulle aziende automatizzate

- Le imprese che utilizzano l'intelligenza artificiale e la robotica per sostituire la manodopera umana potrebbero essere tassate proporzionalmente alla produttività delle loro macchine.

- Questa "tassa sui robot" garantirebbe entrate fiscali senza gravare sui cittadini.

2. Imposte sulle transazioni finanziarie digitali

- L'economia digitale genera enormi volumi di transazioni: una piccola tassa su queste operazioni potrebbe finanziare il bilancio pubblico.

- I giganti della tecnologia e le piattaforme di e-commerce contribuirebbero in modo significativo.

3. Redistribuzione della ricchezza tramite IA fiscale

- L'intelligenza artificiale potrebbe gestire un sistema fiscale dinamico, adattandosi ai cambiamenti economici e redistribuendo le risorse in modo equo.

- Un modello basato sulla tecnologia potrebbe sostituire i tradizionali metodi di imposizione fiscale.

4. Tassazione delle risorse naturali e dell'inquinamento

- I governi potrebbero aumentare le tasse su attività che hanno un impatto ambientale, incentivando la sostenibilità.

- Imposte su emissioni di carbonio e utilizzo di materie prime potrebbero sostituire la tassazione sul reddito.

5. Economia decentralizzata e beni pubblici digitali

- Le criptovalute e gli asset digitali potrebbero contribuire alla raccolta fiscale attraverso meccanismi automatizzati di redistribuzione del valore.

- Gli smart contracts potrebbero assicurare che le aziende contribuiscano equamente al finanziamento dei servizi pubblici.

Vantaggi della fine delle tasse sul reddito

1. **Maggiore equità economica**

    o I lavoratori non sarebbero penalizzati con trattenute fiscali, mentre le grandi imprese e le tecnologie automatizzate contribuirebbero proporzionalmente alla loro produttività.

2. **Stimolo all'economia locale e globale**

    o Con più reddito disponibile, i cittadini potrebbero investire e consumare di più, favorendo la crescita economica.

3. **Meno evasione fiscale**

    o Tassare le grandi aziende e le transazioni digitali renderebbe più difficile l'elusione fiscale.

    o L'uso della blockchain e dell'IA permetterebbe una gestione trasparente delle entrate pubbliche.

Sfide nella transizione a un nuovo sistema fiscale

- **Resistenza delle grandi aziende**: Le multinazionali potrebbero opporsi a una tassazione più alta sui loro profitti e sulle automazioni.

- **Adeguamento delle politiche pubbliche**: I governi dovrebbero ripensare completamente il loro modello di finanziamento, garantendo che la transizione non crei squilibri economici.

- **Regolamentazione internazionale**: Un nuovo modello fiscale richiederebbe cooperazione globale per evitare fughe di capitali e competizione sleale tra paesi.

Conclusione

L'eliminazione delle tasse sul reddito è una possibilità concreta in un'economia futura dominata dall'automazione e dall'intelligenza artificiale. Con nuove forme di tassazione aziendale e digitale, il finanziamento pubblico potrebbe diventare più equo ed efficiente. Tuttavia, la transizione richiede una pianificazione attenta e un coordinamento internazionale per garantire la stabilità economica e la giustizia sociale.

10. Aziende senza lavoratori umani – Saranno completamente gestite da algoritmi e robot

Introduzione

L'automazione e l'intelligenza artificiale stanno rapidamente trasformando il mondo del lavoro. In un futuro non troppo lontano, le aziende potrebbero operare senza alcun lavoratore umano, affidandosi interamente ad algoritmi, robot e sistemi di intelligenza artificiale per la produzione, la gestione e la distribuzione. Questa evoluzione segnerà un cambiamento radicale nel concetto di impresa e nel ruolo dell'uomo nell'economia globale.

Come funzionano le aziende senza lavoratori umani?

Le aziende completamente automatizzate si basano su tecnologie avanzate per gestire ogni aspetto delle operazioni aziendali:

- **Intelligenza Artificiale (IA)** per prendere decisioni strategiche e operative.

- **Robot autonomi** per la produzione, la logistica e la manutenzione.

- **Blockchain e smart contracts** per la gestione finanziaria e legale.

- **Analisi predittiva e big data** per ottimizzare la produzione e il mercato.

Settori in cui le aziende senza lavoratori umani diventeranno realtà

1. **Manifattura e Industria**

   - Fabbriche completamente robotizzate gestite da IA che ottimizzano la produzione.

   - Sistemi di manutenzione predittiva che riparano e migliorano le macchine senza intervento umano.

2. **Logistica e Trasporti**

   - Magazzini automatizzati con robot che gestiscono lo stoccaggio e la spedizione.

   - Veicoli a guida autonoma per il trasporto merci e la logistica urbana.

3. **Commercio e Vendita al Dettaglio**

   - Negozi senza personale, con casse automatiche e rifornimento gestito da robot.

   - Piattaforme e-commerce basate su IA che personalizzano l'offerta in tempo reale.

4. **Finanza e Settore Bancario**

   - Algoritmi che gestiscono investimenti e prestiti senza bisogno di consulenti umani.

- Smart contracts che automatizzano transazioni senza intermediari.

5. Sanità e Farmaceutica

- Diagnosi mediche e trattamenti personalizzati effettuati dall'IA.

- Produzione di farmaci completamente automatizzata.

Vantaggi delle aziende senza lavoratori umani

1. **Aumento della produttività**

   o Le macchine possono operare 24 ore su 24 senza interruzioni.

2. **Riduzione dei costi operativi**

   o Nessuna spesa per stipendi, assicurazioni e benefit per i dipendenti.

3. **Eliminazione degli errori umani**

   o IA e robot riducono al minimo gli errori, migliorando efficienza e qualità.

4. **Maggiore sicurezza sul lavoro**

   o La riduzione della manodopera umana elimina il rischio di infortuni sul lavoro.

Sfide e problematiche delle aziende senza lavoratori umani

1. **Disoccupazione di massa**

   o La scomparsa dei lavori tradizionali potrebbe creare problemi sociali ed economici.

2. **Concentrazione della ricchezza**

   o Le aziende automatizzate potrebbero ampliare il divario tra ricchi e poveri.

3. **Rischi legati alla sicurezza informatica**

   o Le imprese interamente digitalizzate sarebbero vulnerabili a cyber attacchi.

4. **Etica e responsabilità aziendale**

   o Chi sarà responsabile in caso di errori o danni causati da un'azienda gestita da IA?

Possibili soluzioni per un futuro sostenibile

1. **Redistribuzione della ricchezza**

   o Sistemi come il Reddito Universale Garantito (RUG) potrebbero compensare la perdita di posti di lavoro.

2. **Tassazione delle aziende automatizzate**

   o I governi potrebbero introdurre imposte sulle imprese senza lavoratori umani per finanziare servizi sociali.

3. **Nuove opportunità di lavoro**

   o La gestione e il miglioramento delle IA e dei robot potrebbero creare nuovi ruoli specializzati.

Conclusione

Le aziende senza lavoratori umani diventeranno sempre più comuni grazie ai progressi dell'IA e della robotica. Sebbene questo modello offra efficienza e produttività senza precedenti, pone anche sfide significative in termini di occupazione, distribuzione della ricchezza e sicurezza. Per garantire un futuro sostenibile, sarà necessario ripensare il sistema economico e sociale in modo da integrare questa trasformazione senza creare disuguaglianze insostenibili.

IMPATTO SULLA SOCIETÀ

11. Fine della disoccupazione – Se non c'è lavoro, non esiste neanche il concetto di "disoccupato"

Introduzione

Per secoli, la disoccupazione è stata considerata un problema economico e sociale da risolvere. Tuttavia, con l'avvento dell'automazione, dell'intelligenza artificiale e di nuovi modelli economici, il concetto stesso di "lavoro" potrebbe scomparire, rendendo obsoleto il termine "disoccupazione". In un futuro in cui il reddito e il benessere non dipenderanno più dall'occupazione, la società potrebbe essere ridefinita in modo radicale.

Perché il concetto di disoccupazione potrebbe scomparire?

1. **Automazione e fine del lavoro forzato**

    o La robotica e l'intelligenza artificiale stanno progressivamente eliminando la necessità di lavoro umano in molti settori.

    o Le aziende stanno già adottando processi completamente automatizzati, riducendo la richiesta di manodopera.

2. **Redistribuzione della ricchezza**

o   Senza lavoro come mezzo primario per ottenere un reddito, la società dovrà sviluppare nuovi modelli di distribuzione economica.

o   Il Reddito Universale Garantito (RUG) potrebbe assicurare a tutti una base economica senza la necessità di un impiego tradizionale.

3. **Economia del tempo libero e della creatività**

o   In un mondo senza lavoro obbligatorio, le persone potranno dedicarsi a passioni, innovazione e attività culturali.

o   La crescita dei settori dell'intrattenimento, dell'arte e dell'educazione potrebbe compensare la perdita di lavori tradizionali.

Come sarà una società senza disoccupazione?

1. Nuovi modi per creare valore economico

•   Le persone non saranno più classificate come "occupate" o "disoccupate", ma come partecipanti attivi alla società attraverso diversi contributi.

•   L'economia potrebbe basarsi su forme di contributo collettivo come la condivisione delle conoscenze, l'innovazione sociale e la produzione creativa.

2. Fine della precarietà economica

- Senza la paura di perdere il lavoro, le persone avranno maggiore stabilità finanziaria.

- Il bisogno di cercare un'occupazione per sopravvivere diventerà un concetto superato.

3. Maggiore libertà personale

- Senza il vincolo del lavoro obbligatorio, le persone potranno dedicarsi a ciò che le rende più soddisfatte.

- L'educazione diventerà uno strumento per la crescita personale piuttosto che per l'occupazione.

Cosa sostituirà il concetto di lavoro?

1. **Attività collaborative e volontariato**

   o Le persone potrebbero impegnarsi in progetti sociali, ambientali e culturali senza la pressione di un salario.

2. **Nuove forme di economia digitale**

   o Le piattaforme decentralizzate e le criptovalute potrebbero permettere alle persone di scambiare beni e servizi senza un impiego formale.

3. **Automazione totale della produzione**

o L'economia potrebbe diventare autonoma, con beni e servizi prodotti senza necessità di manodopera umana.

Sfide di una società senza disoccupazione

- **Adattamento culturale**: Il lavoro è stato un pilastro dell'identità sociale per secoli, e la transizione a un nuovo modello richiederà un cambiamento di mentalità.

- **Equità economica**: Sarà necessario garantire che la ricchezza prodotta dall'automazione sia distribuita equamente.

- **Nuovi sistemi di istruzione**: L'educazione dovrà preparare le persone a una vita senza la necessità di un lavoro tradizionale.

Conclusione

La fine della disoccupazione sarà il risultato di un'evoluzione tecnologica ed economica che renderà il lavoro umano non più necessario. Con un nuovo modello di distribuzione della ricchezza e un'economia basata sul tempo libero e sulla creatività, il concetto di "disoccupato" diventerà obsoleto. Il futuro potrebbe essere caratterizzato da una società più libera, equa e orientata al benessere collettivo piuttosto che alla produttività forzata.

12. Maggiore uguaglianza sociale – L'IA potrebbe ridurre le differenze di reddito

Introduzione

Le disuguaglianze economiche sono una delle principali sfide della società moderna. Storicamente, la ricchezza si è concentrata nelle mani di pochi, mentre la maggioranza della popolazione fatica a raggiungere la sicurezza economica. Tuttavia, con l'avvento dell'intelligenza artificiale (IA), il divario economico potrebbe essere ridotto drasticamente. Se utilizzata correttamente, l'IA potrebbe favorire una distribuzione più equa delle risorse, eliminando molti dei fattori che alimentano le disparità di reddito.

Come l'IA può ridurre le disuguaglianze di reddito

1. Automazione e accesso universale alle risorse

- L'IA può automatizzare la produzione di beni e servizi, riducendo i costi e rendendoli accessibili a tutti.

- Settori come la sanità, l'istruzione e la produzione alimentare potrebbero diventare più economici, migliorando la qualità della vita per tutti.

2. Redistribuzione della ricchezza attraverso la tassazione dell'IA

- L'automazione del lavoro aumenterà la produttività, generando enormi profitti per le aziende.

- Una tassazione adeguata sulle imprese altamente automatizzate potrebbe finanziare programmi di welfare universale.

3. Reddito Universale Garantito (RUG)

- Un sistema di reddito universale, finanziato dai profitti delle aziende automatizzate, potrebbe garantire a ogni cittadino un livello di vita dignitoso senza dipendere dal lavoro tradizionale.

- L'IA potrebbe gestire la distribuzione di queste risorse in modo efficiente e trasparente.

4. Accesso equo all'istruzione grazie all'IA

- L'educazione personalizzata basata sull'IA potrebbe offrire formazione gratuita e di alta qualità a tutti, riducendo il divario tra classi sociali.

- Algoritmi di apprendimento adattivo potrebbero fornire contenuti educativi personalizzati in base alle esigenze di ogni individuo.

5. Maggiore equità nel mercato del lavoro

- L'IA potrebbe eliminare pregiudizi nelle assunzioni, rendendo il processo più meritocratico.

- Sistemi basati su blockchain potrebbero garantire trasparenza salariale, eliminando discriminazioni e ingiustizie.

Impatto dell'IA sulla società

1. Riduzione della povertà globale

- Con un'economia basata su automazione e redistribuzione, le persone non dipenderebbero più da lavori precari per sopravvivere.

- Le nazioni in via di sviluppo potrebbero beneficiare di tecnologie avanzate per migliorare le infrastrutture e i servizi essenziali.

2. Nuovi modelli economici basati sulla cooperazione

- La fine del lavoro obbligatorio potrebbe portare a un'economia incentrata sul benessere e sulla creatività anziché sulla produttività forzata.

- Modelli di economia collaborativa potrebbero sostituire la competizione aggressiva.

3. Maggiore stabilità sociale

- La riduzione della disuguaglianza economica potrebbe portare a una diminuzione della criminalità e delle tensioni sociali.

- Le persone avrebbero più tempo per la crescita personale, la cultura e la partecipazione politica.

Sfide e ostacoli nella transizione

- **Resistenza delle élite economiche**: Le grandi aziende e i governi potrebbero opporsi a un sistema che riduca il loro controllo sulla ricchezza.

- **Dipendenza dall'IA**: Un'eccessiva automazione potrebbe ridurre l'autonomia decisionale degli esseri umani.

- **Sicurezza e regolamentazione**: Sarà essenziale garantire che l'IA venga utilizzata in modo etico e trasparente.

Conclusione

L'intelligenza artificiale ha il potenziale di ridurre drasticamente le disuguaglianze economiche e sociali. Se implementata con politiche adeguate, potrebbe garantire una distribuzione più equa della ricchezza e offrire opportunità a tutti. Tuttavia, la transizione verso un'economia più equa richiederà un cambiamento di mentalità, regolamentazioni appropriate e un impegno collettivo per evitare che il potere rimanga concentrato nelle mani di pochi. Il futuro della società potrebbe essere caratterizzato da maggiore uguaglianza, libertà economica e accesso universale alle risorse.

13. Nuove disuguaglianze – Il potere potrebbe concentrarsi nelle mani di chi possiede l'IA

Introduzione

L'intelligenza artificiale (IA) sta rivoluzionando il mondo, portando enormi benefici economici e sociali. Tuttavia, questa trasformazione rischia di creare nuove forme di disuguaglianza. In un futuro in cui le risorse produttive saranno gestite da IA, il potere economico potrebbe concentrarsi nelle mani di chi controlla queste tecnologie, accentuando il divario tra élite tecnologiche e il resto della popolazione.

Come l'IA potrebbe creare nuove disuguaglianze

1. Concentrazione della ricchezza nelle grandi aziende tecnologiche

- Le imprese che sviluppano e controllano l'IA accumuleranno enormi profitti.

- Le piattaforme basate sull'IA ridurranno la concorrenza, rafforzando il dominio di pochi attori sul mercato.

- Il valore generato dall'IA potrebbe non essere equamente distribuito, portando a una nuova forma di oligarchia economica.

2. Divario tra chi possiede l'IA e chi ne dipende

- Le aziende e le nazioni che possiedono le tecnologie IA avranno un vantaggio competitivo schiacciante.

- Chi non ha accesso a queste tecnologie potrebbe essere relegato a ruoli marginali nell'economia globale.

- L'IA potrebbe diventare uno strumento di controllo economico e politico, limitando la libertà di chi non ne ha il controllo.

3. Disoccupazione e perdita di potere contrattuale dei lavoratori

- L'automazione potrebbe eliminare milioni di posti di lavoro, riducendo il potere contrattuale della classe lavoratrice.

- Chi possiede l'IA avrà la possibilità di sostituire il lavoro umano con macchine, riducendo la necessità di dipendere dai lavoratori.

- Il valore del lavoro umano potrebbe diminuire drasticamente, aggravando le disuguaglianze sociali.

L'impatto delle nuove disuguaglianze sulla società

1. Polarizzazione economica

- Un piccolo gruppo di individui e aziende controllerà una quota sproporzionata della ricchezza mondiale.

- Le classi medie potrebbero ridursi drasticamente, creando una separazione netta tra élite e popolazione comune.

2. Controllo delle informazioni e manipolazione

- Le grandi piattaforme IA potrebbero influenzare il pensiero pubblico attraverso la gestione dei dati e delle informazioni.

- La manipolazione dell'opinione pubblica tramite IA avanzate potrebbe ridurre la trasparenza e la democrazia.

3. Barriere nell'accesso alle opportunità

- L'educazione e le competenze digitali diventeranno essenziali per accedere alle nuove opportunità lavorative.

- Chi non avrà le risorse per formarsi nel campo dell'IA rischierà di rimanere escluso dai settori più redditizi.

Possibili soluzioni per mitigare le nuove disuguaglianze

1. Regolamentazione delle grandi aziende IA

- I governi potrebbero introdurre leggi per limitare il monopolio delle tecnologie IA.

- La tassazione delle imprese automatizzate potrebbe finanziare programmi di ridistribuzione della ricchezza.

2. Accesso equo alle tecnologie IA

- Creazione di piattaforme IA open-source per garantire che tutti possano beneficiare dell'innovazione.

- Investimenti pubblici in IA per evitare che il potere sia concentrato solo in mani private.

3. Nuovi modelli di distribuzione del reddito

- Implementazione del Reddito Universale Garantito (RUG) per compensare la perdita di posti di lavoro.

- Sistemi economici basati sulla condivisione della proprietà aziendale e sulla redistribuzione dei profitti generati dall'IA.

Conclusione

L'intelligenza artificiale ha il potenziale di migliorare la qualità della vita, ma senza regolamentazioni adeguate potrebbe ampliare le disuguaglianze sociali ed economiche. Se il potere resterà concentrato nelle mani di chi controlla l'IA, il divario tra élite tecnologiche e popolazione comune potrebbe diventare insostenibile. Per garantire un futuro equo, sarà fondamentale sviluppare politiche che democratizzino l'accesso alle tecnologie IA e promuovano una distribuzione equa della ricchezza generata dall'automazione.

14. Aumento della salute mentale – Senza lo stress del lavoro, le persone potrebbero essere più felici

Introduzione

Il lavoro è stato per secoli una componente fondamentale della vita umana, ma spesso a un costo elevato per la salute mentale. Stress, ansia, burnout e depressione sono diventati problemi comuni in un sistema economico che pone il lavoro al centro dell'esistenza. Tuttavia, con l'automazione e la riduzione della necessità di impiego tradizionale, le persone potrebbero vivere senza l'ansia legata al reddito e alla produttività, portando a un significativo miglioramento della salute mentale.

Come lo stress lavorativo influisce sulla salute mentale?

1. **Burnout e sovraccarico mentale**

   o Orari lunghi e carichi di lavoro eccessivi portano a esaurimento fisico e mentale.

   o La mancanza di riposo e di tempo libero riduce la capacità di recupero psicologico.

2. **Ansia da prestazione e insicurezza economica**

   o La paura di perdere il lavoro crea stress cronico.

○ L'ansia da risultati e competizione porta a livelli elevati di tensione emotiva.

3. **Impatto sulle relazioni personali**

   ○ Il tempo dedicato al lavoro riduce la qualità delle relazioni familiari e sociali.

   ○ Lo stress lavorativo spesso viene trasferito nella vita privata, causando conflitti e isolamento.

Come la riduzione del lavoro migliorerà la salute mentale?

1. **Maggiore equilibrio tra vita e tempo libero**

   ○ Con meno ore di lavoro, le persone avranno più tempo per la famiglia, gli hobby e il riposo.

   ○ L'autonomia sulla gestione del tempo migliorerà il benessere emotivo.

2. **Riduzione dello stress finanziario**

   ○ Con un reddito universale o un nuovo modello economico, la paura della disoccupazione scomparirebbe.

   ○ Le persone potrebbero scegliere lavori più gratificanti senza preoccuparsi del reddito.

3. **Miglioramento della qualità del sonno**

o Senza la pressione lavorativa, il sonno diventerebbe più regolare e profondo.

o Un riposo migliore porta a maggiore lucidità mentale e stabilità emotiva.

Benefici a livello sociale

1. **Meno depressione e ansia**

   o L'eliminazione dello stress lavorativo ridurrebbe significativamente i disturbi mentali.

   o Più tempo libero significherebbe più opportunità di socializzazione e crescita personale.

2. **Miglioramento delle relazioni interpersonali**

   o Più tempo per la famiglia e gli amici rafforzerebbe i legami sociali.

   o Relazioni più solide portano a una società più stabile ed empatica.

3. **Aumento della creatività e dell'innovazione**

   o Senza pressioni economiche, le persone potrebbero dedicarsi a passioni creative e progetti innovativi.

o Un'economia basata su creatività e benessere potrebbe emergere come nuovo paradigma.

Sfide e transizione verso un futuro senza stress lavorativo

- **Cambiamento culturale**: Superare l'idea che il lavoro sia necessario per il valore personale.

- **Nuovi modelli economici**: Creare sistemi di reddito che permettano a tutti di vivere dignitosamente.

- **Gestione del tempo libero**: Aiutare le persone a trovare significato e scopo senza un impiego tradizionale.

Conclusione

La riduzione del lavoro obbligatorio e la riorganizzazione dell'economia potrebbero portare a un'epoca di maggiore benessere psicologico. Senza lo stress lavorativo, le persone sarebbero più felici, più sane e più connesse socialmente. L'automazione e l'innovazione offrono l'opportunità di ridefinire il concetto di vita produttiva, spostando l'attenzione dal dover lavorare al poter vivere pienamente.

15. Maggiore tempo per famiglia e relazioni – Le persone avranno più tempo per coltivare i rapporti personali

Introduzione

Con la riduzione della necessità di lavorare a tempo pieno grazie all'automazione e ai nuovi modelli economici, le persone potrebbero finalmente dedicare più tempo alla famiglia e alle relazioni personali. Questo cambiamento potrebbe portare a una società più coesa, affettuosa e mentalmente equilibrata. La qualità della vita non sarà più definita dal lavoro, ma dal tempo trascorso con le persone care.

Come il lavoro ha influenzato le relazioni personali

1. Stress e mancanza di tempo

- Gli orari di lavoro prolungati riducono il tempo da dedicare alla famiglia e agli amici.

- Lo stress lavorativo influisce negativamente sulla qualità delle interazioni sociali.

2. Distanza emotiva nelle famiglie

- Molte famiglie faticano a passare del tempo insieme a causa degli impegni lavorativi.

- La mancanza di dialogo e di momenti condivisi può portare a incomprensioni e distanziamento.

3. Impatto sulle amicizie e sulla vita sociale

- Il poco tempo libero limita la possibilità di coltivare rapporti significativi al di fuori della famiglia.

- Molte relazioni si basano sulla velocità e sulla convenienza, piuttosto che su una connessione profonda.

I benefici di un maggiore tempo per la famiglia e le relazioni

1. Rafforzamento dei legami familiari

- Maggiore tempo per crescere i figli con attenzione e dedizione.

- Comunicazione più efficace tra partner, genitori e figli.

2. Amicizie più autentiche e durature

- Possibilità di dedicare tempo di qualità alle persone care.

- Riduzione dell'isolamento sociale, specialmente tra le persone anziane e vulnerabili.

3. Miglioramento della salute mentale e fisica

- Relazioni più stabili e affettuose riducono ansia e depressione.

- Maggiore supporto emotivo e psicologico grazie a una rete sociale più forte.

Nuovi modelli di vita sociale ed economica

1. Lavoro flessibile e ridotto

- Possibilità di scegliere lavori part-time o su progetto, senza sacrificare il reddito.

- Maggiore equilibrio tra vita lavorativa e personale.

2. Società orientata alla comunità

- Aumento di attività condivise come volontariato, eventi culturali e sportivi.

- Maggiore interazione tra generazioni e sostegno reciproco tra famiglie.

3. Economia basata sulle relazioni umane

- Settori come educazione, intrattenimento e benessere avranno un ruolo più centrale.

- Riduzione della competitività estrema in favore della collaborazione.

Possibili sfide e soluzioni

- **Cambiamento culturale**: Superare l'idea che il valore personale sia determinato dal lavoro.

- **Nuovi sistemi economici**: Garantire sicurezza finanziaria per chi lavora meno ore.

- **Gestione del tempo libero**: Educare le persone a investire il tempo in relazioni autentiche e non solo nel consumo passivo.

Conclusione

Un futuro con più tempo per la famiglia e le relazioni personali potrebbe migliorare la qualità della vita, rafforzare i legami sociali e ridurre lo stress. Grazie all'automazione e a nuovi modelli economici, le persone avranno l'opportunità di costruire una società più armoniosa, in cui il benessere collettivo sarà più importante della produttività forzata.

16. Città più vivibili – Senza pendolarismo e orari rigidi, il traffico potrebbe diminuire

Introduzione

Le città moderne sono spesso congestionate dal traffico e caratterizzate da un ritmo frenetico che influisce negativamente sulla qualità della vita. Il pendolarismo e gli orari di lavoro rigidi costringono milioni di persone a spostarsi quotidianamente, causando inquinamento, stress e perdita di tempo prezioso. Tuttavia, con l'automazione, il lavoro flessibile e nuovi modelli economici, il modo in cui le persone vivono e si muovono nelle città potrebbe cambiare radicalmente, rendendole più vivibili, sostenibili e piacevoli.

Come il pendolarismo e gli orari di lavoro influiscono sulla qualità della vita urbana

1. Traffico intenso e tempi di spostamento lunghi

- Milioni di persone devono spostarsi negli stessi orari, causando ingorghi.

- Il tempo trascorso nel traffico riduce il tempo libero e aumenta lo stress.

2. Inquinamento atmosferico e acustico

- L'uso massiccio di auto private contribuisce all'inquinamento dell'aria e al cambiamento climatico.

- Il rumore urbano ha effetti negativi sulla salute mentale e fisica.

3. Impatto sulla salute mentale e fisica

- Lo stress da traffico e gli orari rigidi aumentano l'ansia e riducono il benessere generale.

- La mancanza di attività fisica dovuta al tempo trascorso in macchina porta a problemi di salute.

Come le città potrebbero diventare più vivibili?

1. Riduzione del traffico grazie alla flessibilità lavorativa

- Se il lavoro non avesse orari fissi, le persone potrebbero spostarsi in momenti diversi, evitando picchi di traffico.

- Il lavoro da remoto potrebbe eliminare del tutto la necessità di pendolarismo per molti settori.

2. Città progettate per le persone, non per le auto

- Maggiore spazio per aree pedonali e piste ciclabili.

- Riduzione delle strade a favore di parchi e aree verdi.

3. Trasporti pubblici più efficienti e sostenibili

- Con meno traffico, i mezzi pubblici potrebbero essere più veloci ed efficienti.

- L'uso di veicoli elettrici e trasporti autonomi ridurrebbe ulteriormente l'inquinamento.

Benefici di città senza pendolarismo obbligatorio

1. Maggiore benessere psicofisico

- Meno stress e più tempo libero per attività personali e sociali.

- Più opportunità per camminare, andare in bicicletta e fare attività fisica.

2. Minore inquinamento e ambiente più sano

- Riduzione delle emissioni di CO_2 e miglioramento della qualità dell'aria.

- Aumento degli spazi verdi e riduzione dell'effetto isola di calore urbana.

3. Economia locale più forte

- Con meno tempo perso nel traffico, le persone potrebbero dedicarsi di più alla comunità.

- Negozi di quartiere e mercati locali beneficerebbero di una maggiore frequentazione.

Sfide e soluzioni per la transizione verso città più vivibili

- **Ripensare l'urbanistica**: Progettare città in cui abitazioni, servizi e lavoro siano più vicini.

- **Politiche di mobilità intelligente**: Investire in trasporti pubblici rapidi, economici e sostenibili.

- **Nuove abitudini lavorative**: Promuovere il lavoro flessibile e il telelavoro per ridurre la necessità di spostamenti.

Conclusione

Senza il pendolarismo obbligatorio e gli orari rigidi, le città potrebbero trasformarsi in luoghi più vivibili, sani e sostenibili. La riduzione del traffico migliorerebbe la qualità della vita, l'ambiente e la socialità, creando spazi urbani più armoniosi e a misura d'uomo. Questo cambiamento richiede un ripensamento delle infrastrutture e delle politiche urbane, ma potrebbe portare a un futuro in cui le città non siano più fonte di stress, ma di benessere e opportunità.

17. Nuove comunità basate su interessi e passioni – La società potrebbe riorganizzarsi in modo diverso

Introduzione

Le strutture sociali tradizionali si sono formate attorno al lavoro, alla famiglia e alla geografia. Tuttavia, con l'evoluzione della tecnologia, l'automazione e la crescente indipendenza dal lavoro forzato, le persone potrebbero iniziare a organizzarsi in comunità basate su interessi e passioni. Questo modello di società permetterebbe agli individui di vivere in ambienti più stimolanti e affini ai propri valori, migliorando la qualità della vita e il senso di appartenenza.

Perché la società potrebbe riorganizzarsi attorno agli interessi?

1. Declino del lavoro tradizionale

o Con meno necessità di lavorare per sopravvivere, le persone avranno più tempo per dedicarsi alle proprie passioni.

o Il valore individuale non sarà più determinato dalla professione, ma dalle competenze e dai contributi creativi e culturali.

2. **Maggiore connettività digitale**

   o Internet permette alle persone di trovare e interagire con individui che condividono gli stessi interessi, superando i confini geografici.

   o Le tecnologie emergenti come il metaverso potrebbero facilitare la creazione di comunità virtuali e fisiche basate su passioni comuni.

3. **Aumento della ricerca di benessere e realizzazione personale**

   o Le persone non vorranno più vivere in ambienti stressanti e competitivi, ma in luoghi che valorizzano le loro inclinazioni naturali.

   o La salute mentale e il benessere generale migliorerebbero in comunità in cui gli individui si sentono accolti e supportati.

Tipologie di comunità basate sugli interessi

1. Comunità artistiche e creative

- Villaggi dedicati alla pittura, alla musica, alla scrittura e alla sperimentazione artistica.

- Residenze collettive per artisti che collaborano su progetti e condividono risorse.

2. Comunità scientifiche e tecnologiche

- Spazi in cui innovatori e ricercatori lavorano insieme per sviluppare nuove tecnologie.

- Laboratori di ricerca decentralizzati in cui scienziati di tutto il mondo collaborano su progetti di frontiera.

3. Comunità ecologiche e autosufficienti

- Eco-villaggi focalizzati sulla sostenibilità, l'agricoltura biologica e la riduzione dell'impatto ambientale.

- Comuni che utilizzano energie rinnovabili e promuovono stili di vita minimalisti e armoniosi con la natura.

4. Comunità sportive e di benessere

- Villaggi dedicati allo sport, alla meditazione, allo yoga e alla crescita personale.

- Comunità in cui il benessere fisico e mentale è al centro della vita quotidiana.

5. Comunità educative e culturali

- Società fondate sulla continua crescita personale e sullo scambio di conoscenze.

- Luoghi in cui l'educazione è gratuita e accessibile a tutti, senza le limitazioni del sistema scolastico tradizionale.

Come funzionerebbero queste comunità?

1. **Nuove economie basate sulla condivisione**

   o Sistemi di scambio e condivisione delle risorse al posto della competizione economica tradizionale.

   o Monete digitali locali e meccanismi di credito sociale per incentivare la partecipazione.

2. **Governance decentralizzata e partecipativa**

   o Decisioni prese in modo democratico attraverso piattaforme basate su blockchain.

   o Strutture orizzontali in cui ogni membro contribuisce alla gestione e all'organizzazione.

3. **Tecnologie a supporto della vita comunitaria**

   o Intelligenza artificiale per ottimizzare la gestione delle risorse e migliorare l'efficienza dei servizi.

o   Automazione per garantire la produzione di beni essenziali senza dipendere dal lavoro umano.

Benefici di una società organizzata in comunità basate su passioni

1. Maggiore felicità e realizzazione personale

- Vivere in un ambiente affine ai propri interessi porta a una vita più soddisfacente.

- Le persone si sentiranno più motivate e coinvolte in attività significative.

2. Relazioni più autentiche e profonde

- Le interazioni non saranno più basate sul contesto lavorativo, ma su interessi comuni e valori condivisi.

- Maggiore supporto sociale e cooperazione tra individui con mentalità simili.

3. Migliore sostenibilità e gestione delle risorse

- Comunità più piccole e autogestite potrebbero ridurre gli sprechi e ottimizzare l'uso delle risorse naturali.

- Un'economia basata sulla condivisione e sull'efficienza energetica ridurrebbe l'impatto ambientale.

Sfide della transizione a una società basata sugli interessi

- **Cambiamento culturale**: Superare l'idea che il successo si misuri solo attraverso il lavoro e il reddito.

- **Equilibrio tra autonomia e interdipendenza**: Trovare il giusto compromesso tra libertà individuale e responsabilità collettiva.

- **Accesso equo alle opportunità**: Assicurarsi che tutte le persone possano entrare a far parte di comunità basate sui loro interessi senza discriminazioni economiche o sociali.

Conclusione

Il futuro potrebbe vedere una società più flessibile e decentralizzata, in cui le persone scelgono di vivere in comunità fondate sulle loro passioni e valori. Questo modello potrebbe migliorare il benessere individuale e collettivo, promuovendo una cultura della condivisione e della collaborazione piuttosto che della competizione. Con le giuste politiche e tecnologie, una riorganizzazione sociale basata sugli interessi potrebbe portare a una vita più equilibrata, sostenibile e gratificante per tutti.

18. Maggiore attenzione alla salute – Più tempo per attività fisica e benessere

Introduzione

Il progresso tecnologico, l'automazione e la riduzione delle ore lavorative stanno trasformando il nostro stile di vita. Con più tempo libero a disposizione, le persone potranno dedicarsi maggiormente alla cura della propria salute, migliorando il benessere fisico e mentale. Questo cambiamento potrebbe portare a una società più sana, longeva e resiliente, in cui la prevenzione sostituisce la necessità di cure mediche costose e reattive.

Come il tempo libero influisce sulla salute

1. Maggiore attività fisica

- Con meno ore dedicate al lavoro, le persone avranno più tempo per esercitarsi e mantenersi in forma.

- La pratica di sport e attività fisiche diventerà parte integrante della routine quotidiana, riducendo il rischio di malattie croniche.

2. Alimentazione più consapevole

- Con più tempo a disposizione, sarà più facile preparare pasti sani invece di ricorrere a cibo processato o fast food.

- La consapevolezza nutrizionale aumenterà, portando a scelte alimentari più equilibrate.

3. Migliore gestione dello stress

- L'assenza di un lavoro stressante e di orari rigidi ridurrà l'ansia e il burnout.

- Maggiore attenzione a tecniche di rilassamento come yoga, meditazione e mindfulness.

Benefici di una società più attenta alla salute

1. Riduzione delle malattie croniche

- Stili di vita più sani ridurranno l'incidenza di diabete, obesità, malattie cardiovascolari e ipertensione.

- La prevenzione attiva diminuirà il carico sui sistemi sanitari pubblici.

2. Miglioramento della salute mentale

- Una vita meno frenetica permetterà alle persone di prendersi cura della propria mente.

- Più tempo per interazioni sociali di qualità e attività ricreative migliorerà il benessere psicologico.

3. Aumento della longevità e della qualità della vita

- L'accesso a uno stile di vita equilibrato e sano porterà a una maggiore aspettativa di vita.

- Una popolazione più sana significa una società più produttiva e felice.

Nuovi modelli di vita e benessere

1. Città progettate per il benessere

- Spazi pubblici pensati per l'attività fisica, come piste ciclabili e parchi.

- Infrastrutture che incentivano la mobilità sostenibile e il contatto con la natura.

2. Economia basata sulla salute e sul tempo libero

- Crescita del settore del benessere, con più opportunità per attività sportive e ricreative.

- Maggiore enfasi su servizi sanitari preventivi piuttosto che curativi.

3. Educazione alla salute fin dalla giovane età

- Programmi scolastici focalizzati su attività fisica, alimentazione e gestione dello stress.

- Corsi di educazione al benessere disponibili per tutte le età.

Sfide e soluzioni per una transizione verso una società più sana

- **Cambiamento delle abitudini**: Incentivare le persone a modificare il proprio stile di vita attraverso programmi di sensibilizzazione.

- **Accessibilità alle risorse per il benessere**: Garantire che tutti abbiano accesso a strutture sportive, cibo sano e cure preventive.

- **Ruolo della tecnologia nella salute**: Utilizzare l'IA e la medicina personalizzata per monitorare e migliorare il benessere individuale.

Conclusione

Con più tempo libero e meno stress legato al lavoro, la società potrebbe diventare più attenta alla salute e al benessere. Un cambiamento di questo tipo non solo ridurrebbe il carico sui sistemi sanitari, ma migliorerebbe anche la qualità della vita delle persone, creando un futuro più equilibrato e sostenibile.

19. Fine della povertà estrema – L'IA potrebbe garantire un accesso equo alle risorse

Introduzione

La povertà estrema è una delle sfide più urgenti dell'umanità. Nonostante i progressi tecnologici ed economici, miliardi di persone nel mondo vivono ancora senza accesso a risorse essenziali come cibo, acqua, sanità e istruzione. Tuttavia, l'intelligenza artificiale (IA) potrebbe rivoluzionare il modo in cui queste risorse vengono distribuite, garantendo un accesso equo e riducendo drasticamente le disparità economiche.

Come l'IA potrebbe eliminare la povertà estrema

1. Ottimizzazione della distribuzione delle risorse

- L'IA può analizzare dati in tempo reale per identificare le aree più bisognose e ottimizzare la distribuzione di cibo, acqua e medicinali.

- Sistemi predittivi possono prevenire crisi alimentari e scarsità di beni essenziali.

2. Automazione della produzione di beni essenziali

- L'IA potrebbe migliorare l'efficienza agricola, riducendo sprechi e aumentando la resa delle coltivazioni.

93

- Robot e macchine automatizzate potrebbero produrre cibo, vestiti e materiali da costruzione a costi ridotti.

3. Accesso universale alla sanità

- Diagnosi mediche tramite IA potrebbero fornire assistenza sanitaria a chi non ha accesso a medici.

- Distribuzione intelligente di farmaci e vaccini grazie a sistemi automatizzati.

4. Istruzione gratuita e personalizzata

- Piattaforme educative basate su IA potrebbero offrire formazione gratuita e su misura per ogni individuo.

- L'IA potrebbe tradurre contenuti educativi in tutte le lingue, rendendo l'istruzione accessibile ovunque nel mondo.

5. Sistemi economici più equi e sostenibili

- L'IA potrebbe facilitare la redistribuzione della ricchezza attraverso modelli di tassazione automatizzati e intelligenti.

- Sistemi di reddito universale garantito potrebbero essere gestiti dall'IA per garantire un livello minimo di sussistenza a tutti.

Benefici della fine della povertà estrema

1. Riduzione delle disuguaglianze economiche

- Accesso più equo alle opportunità lavorative e formative.

- Maggiore stabilità sociale e riduzione dei conflitti legati alle risorse.

2. Aumento della qualità della vita globale

- Miglioramento della salute e riduzione della mortalità infantile.

- Maggiore partecipazione della popolazione alla crescita economica e sociale.

3. Crescita economica e sviluppo globale

- Con più persone in grado di studiare e lavorare, l'innovazione e la produttività globale aumenterebbero.

- Le economie locali potrebbero prosperare grazie all'accesso a risorse e strumenti tecnologici avanzati.

Sfide e possibili ostacoli

- **Resistenza politica ed economica**: Le élite potrebbero opporsi a una distribuzione più equa della ricchezza.

- **Sicurezza e gestione etica dell'IA**: Sarà fondamentale garantire che l'IA venga utilizzata per il bene collettivo.

- **Adattamento culturale**: Le società dovranno evolversi per accettare un nuovo paradigma economico basato sulla cooperazione piuttosto che sulla competizione estrema.

Conclusione

L'intelligenza artificiale ha il potenziale di eliminare la povertà estrema, garantendo un accesso equo alle risorse essenziali e creando una società più giusta e sostenibile. Con una gestione etica e politiche adeguate, l'IA potrebbe trasformare il mondo in un luogo in cui nessuno debba più lottare per la sopravvivenza, aprendo la strada a un futuro di prosperità condivisa.

20. Aumento della creatività umana – Le persone potrebbero dedicarsi ad arte, musica, scrittura e innovazione

Introduzione

L'umanità ha sempre avuto una naturale inclinazione verso la creatività, ma per secoli il lavoro e le necessità economiche hanno limitato il tempo e le energie dedicate all'arte, alla musica, alla scrittura e all'innovazione. Con l'automazione, la riduzione delle ore lavorative e nuove forme di reddito universale, le persone potrebbero finalmente esprimere il loro potenziale creativo senza le pressioni della sopravvivenza economica.

Come l'automazione e il tempo libero favoriranno la creatività

1. Più tempo per sviluppare talenti artistici

- Senza l'obbligo di lavorare per sopravvivere, le persone potranno esplorare e perfezionare le proprie abilità artistiche.

- Corsi di formazione gratuita e accesso facilitato a strumenti creativi aumenteranno il numero di artisti, scrittori e musicisti.

2. Espansione delle industrie creative

- La domanda di contenuti artistici e culturali crescerà, creando nuove opportunità per gli artisti.

- Il mercato dell'intrattenimento, della letteratura e della musica si amplierà grazie a una società più orientata alla cultura.

3. Innovazione senza limiti economici

- Senza la pressione di generare profitto immediato, gli innovatori potranno sperimentare idee rivoluzionarie.

- Nuove tecnologie e materiali renderanno l'arte e la creatività più accessibili a tutti.

Campi in cui la creatività prospererà

1. Arte e pittura

- L'intelligenza artificiale potrà supportare gli artisti, fornendo strumenti per espandere le possibilità creative.

- Musei interattivi e nuove forme d'arte digitale rivoluzioneranno l'esperienza artistica.

2. Musica e composizione

- Con più tempo e risorse, un maggior numero di persone potrà comporre, suonare strumenti e sperimentare nuovi generi.

- La musica collaborativa online permetterà connessioni creative globali.

3. Scrittura e letteratura

- La narrativa, la poesia e il giornalismo indipendente fioriranno senza la pressione di vendere per sopravvivere.

- L'accesso gratuito a strumenti di pubblicazione permetterà a chiunque di condividere le proprie storie con il mondo.

4. Innovazione tecnologica e scientifica

- La ricerca scientifica beneficerà della possibilità di esplorare idee senza la necessità di ottenere finanziamenti immediati.

- Makerspace e laboratori condivisi renderanno l'innovazione accessibile a tutti.

Effetti positivi dell'aumento della creatività umana

1. Maggiore benessere psicologico

- La creatività riduce lo stress e aumenta la soddisfazione personale.

- Esprimersi artisticamente è un potente strumento per migliorare la salute mentale.

2. Espansione della cultura e della conoscenza

- Una società con più artisti e innovatori avrà una ricchezza culturale mai vista prima.
- L'educazione e la divulgazione diventeranno sempre più interattive e coinvolgenti.

3. Nuove economie basate sulla creatività

- Mercati emergenti per l'arte digitale, la musica indipendente e la narrativa interattiva.
- L'economia dell'esperienza sostituirà quella della mera produttività industriale.

Sfide e soluzioni per una società più creativa

- **Superare la mentalità produttivista**: Incentivare il valore della creatività nella società.
- **Accessibilità alle risorse**: Garantire strumenti e spazi creativi gratuiti per tutti.
- **Nuovi modelli economici**: Creare piattaforme di supporto per artisti e innovatori indipendenti.

Conclusione

Una società con più tempo per la creatività potrebbe generare un'era di straordinaria innovazione culturale, artistica e tecnologica. Con le giuste politiche e infrastrutture, il futuro potrebbe essere caratterizzato da un'esplosione di espressioni creative che arricchiranno l'umanità e miglioreranno la qualità della vita di tutti.

EDUCAZIONE E CONOSCENZA

21. Fine dell'educazione tradizionale – Le scuole potrebbero scomparire o trasformarsi radicalmente

Introduzione

Il sistema educativo tradizionale è rimasto pressoché invariato per secoli, con un modello basato su classi, lezioni frontali e programmi rigidi. Tuttavia, con i progressi dell'intelligenza artificiale, dell'apprendimento personalizzato e dell'accesso digitale all'informazione, l'educazione potrebbe subire una trasformazione radicale. Le scuole, così come le conosciamo oggi, potrebbero scomparire o evolversi in nuovi ambienti di apprendimento più flessibili, adattabili e centrati sulle esigenze degli studenti.

Perché il sistema educativo tradizionale potrebbe finire?

1. Accesso immediato alla conoscenza

- Grazie all'IA e alle piattaforme digitali, le persone possono apprendere qualsiasi argomento senza bisogno di frequentare una scuola fisica.

- L'istruzione non sarà più limitata da programmi standardizzati, ma personalizzata secondo le esigenze e i ritmi di apprendimento di ogni individuo.

2. Apprendimento basato sull'esperienza

- I metodi tradizionali, basati sulla memorizzazione e sui test, potrebbero essere sostituiti da esperienze pratiche e immersive.

- La realtà virtuale e l'apprendimento interattivo permetteranno agli studenti di acquisire conoscenze attraverso simulazioni e progetti reali.

3. Fine del concetto di "diploma"

- Con l'accesso continuo alla formazione e alle competenze digitali, il valore del diploma potrebbe diminuire.

- Il riconoscimento delle competenze potrebbe avvenire tramite certificazioni basate su esperienze e abilità dimostrate, piuttosto che su anni trascorsi in un'aula.

Come potrebbe trasformarsi l'educazione?

1. Apprendimento personalizzato con IA

- Gli algoritmi analizzeranno le capacità di ogni studente per fornire percorsi educativi su misura.

- I tutor virtuali sostituiranno gli insegnanti tradizionali, offrendo supporto personalizzato.

2. Educazione decentralizzata e globale

- L'istruzione non sarà più vincolata a un sistema nazionale, ma accessibile globalmente.

- Studenti di tutto il mondo potranno collaborare su progetti, scambiando conoscenze senza barriere geografiche.

3. Maggiore attenzione alle competenze pratiche

- Invece di materie teoriche, le nuove forme di educazione si concentreranno su competenze utili come programmazione, creatività, gestione delle emozioni e risoluzione dei problemi.

- L'apprendimento sarà basato su progetti, con un focus su applicazioni reali.

Impatto della trasformazione educativa sulla società

1. Maggiore equità nell'accesso all'istruzione

- Le risorse educative saranno disponibili gratuitamente o a basso costo per tutti.

- L'IA eliminerà le disparità causate da differenze economiche e geografiche.

2. Nuove modalità di certificazione e lavoro

- Le aziende potrebbero preferire candidati con portfolio di progetti concreti anziché lauree tradizionali.

- L'apprendimento continuo diventerà la norma, sostituendo l'idea di una formazione fissa e limitata agli anni scolastici.

3. Sviluppo di nuove competenze per un mondo in evoluzione

- L'educazione sarà più orientata alla creatività, alla collaborazione e al pensiero critico.

- Le persone saranno in grado di reinventarsi continuamente grazie a un sistema educativo flessibile.

Sfide e ostacoli della transizione

- **Resistenza istituzionale**: Le scuole e le università potrebbero opporsi a un cambiamento che minaccia il loro ruolo tradizionale.

- **Accesso equo alla tecnologia**: Sarà essenziale garantire che tutti abbiano strumenti digitali adeguati per accedere alla nuova educazione.

- **Equilibrio tra apprendimento digitale e sociale**: Le interazioni umane restano fondamentali per lo sviluppo personale; sarà necessario bilanciare tecnologia e contatto sociale.

Conclusione

L'educazione tradizionale potrebbe scomparire o trasformarsi in un sistema più flessibile, personalizzato e decentralizzato. Grazie alla tecnologia, le persone potranno apprendere in modo continuo, pratico e adattato alle loro esigenze, eliminando le barriere geografiche ed economiche. Questa evoluzione potrebbe portare a una società più equa e innovativa, in cui il sapere è accessibile a tutti, in qualsiasi momento della vita.

22. Apprendimento personalizzato con IA – Ogni persona potrebbe avere un'istruzione su misura

Introduzione

L'educazione tradizionale è spesso strutturata in modo rigido, con programmi standardizzati che non tengono conto delle differenze individuali tra gli studenti. Tuttavia, l'intelligenza artificiale (IA) sta rivoluzionando il settore dell'istruzione, permettendo di creare percorsi di apprendimento personalizzati che si adattano alle esigenze, ai ritmi e agli interessi di ogni individuo. In un mondo in cui la conoscenza è sempre più accessibile, l'IA potrebbe garantire un'istruzione su misura per tutti.

Come funziona l'apprendimento personalizzato con IA?

1. Analisi delle capacità e delle preferenze individuali

- Gli algoritmi di IA valutano le competenze e gli stili di apprendimento di ogni studente attraverso test, esercizi e interazioni digitali.

- Il sistema raccoglie dati sulle difficoltà e sui punti di forza per creare un piano di studio personalizzato.

2. Adattamento continuo del percorso educativo

- L'IA modifica i contenuti e il livello di difficoltà in base ai progressi dello studente.

- Se uno studente ha difficoltà in una materia, il sistema fornisce spiegazioni aggiuntive o esercizi pratici per colmare le lacune.

- Se uno studente eccelle in un argomento, il programma accelera il suo apprendimento senza farlo aspettare il resto della classe.

3. Apprendimento interattivo e coinvolgente

- Le piattaforme educative basate su IA utilizzano realtà aumentata, gamification e simulazioni per rendere lo studio più stimolante.

- L'interattività aiuta gli studenti a mantenere l'attenzione e a comprendere meglio i concetti astratti.

4. Tutor virtuali e assistenza in tempo reale

- Chatbot e assistenti AI possono rispondere a domande e fornire supporto immediato, senza dover aspettare un insegnante umano.

- Gli studenti possono ricevere feedback istantanei sui loro compiti e suggerimenti per migliorare le loro performance.

Vantaggi dell'apprendimento personalizzato con IA

1. Maggiore efficienza nell'apprendimento

- Gli studenti imparano al proprio ritmo, evitando la frustrazione di un programma troppo lento o troppo veloce.

- Il tempo di apprendimento si riduce perché ogni studente riceve solo le informazioni di cui ha bisogno.

2. Accesso equo all'istruzione

- Le piattaforme basate su IA possono fornire istruzione gratuita o a basso costo a chiunque nel mondo.

- Anche chi vive in zone remote o non ha accesso a scuole di qualità può ricevere un'educazione di alto livello.

3. Sviluppo di competenze personalizzate

- L'IA può suggerire corsi e argomenti in base agli interessi e agli obiettivi professionali di ogni studente.

- Le persone possono acquisire competenze pratiche direttamente applicabili nel mondo del lavoro.

4. Riduzione dello stress e dell'ansia da prestazione

- Con un sistema che si adatta al ritmo di apprendimento, gli studenti non si sentono sotto pressione per rispettare scadenze rigide.

- L'ambiente di apprendimento diventa più inclusivo e meno competitivo.

Sfide e ostacoli dell'apprendimento personalizzato con IA

1. Necessità di infrastrutture tecnologiche avanzate

- Non tutti hanno accesso a dispositivi tecnologici e connessione a Internet di qualità.

- I governi e le organizzazioni educative dovrebbero investire in infrastrutture digitali per garantire equità.

2. Rischio di dipendenza dalla tecnologia

- Gli studenti potrebbero sviluppare una dipendenza dall'IA senza acquisire capacità critiche come il pensiero indipendente e la creatività.

- È importante bilanciare l'uso dell'IA con metodi di apprendimento tradizionali e attività sociali.

3. Protezione dei dati e privacy

- I sistemi di IA raccolgono grandi quantità di dati sugli studenti, il che solleva problemi di sicurezza e protezione della privacy.

- Devono essere implementate regole rigide per garantire che le informazioni personali siano utilizzate in modo etico.

Come cambierà il ruolo degli insegnanti?

1. Da docenti a mentori e facilitatori

- Gli insegnanti non dovranno più limitarsi a trasmettere informazioni, ma guideranno gli studenti nello sviluppo delle loro capacità critiche.

- L'IA si occuperà della parte tecnica dell'istruzione, mentre gli insegnanti si concentreranno sulla motivazione e sul supporto emotivo.

2. Maggiore personalizzazione dell'insegnamento

- Gli insegnanti potranno usare i dati forniti dall'IA per capire meglio le esigenze di ogni studente e intervenire quando necessario.

- Potranno dedicare più tempo a chi ha bisogno di supporto extra, anziché dover seguire un programma standardizzato.

Impatto sulla società e sul futuro del lavoro

1. Preparazione a un mercato del lavoro in evoluzione

- L'IA permetterà di aggiornare continuamente le competenze in base alle esigenze del mercato.

- I lavoratori del futuro avranno la possibilità di riqualificarsi facilmente in nuovi settori.

2. Maggiore innovazione e creatività

- Con un'educazione personalizzata, le persone saranno più motivate a esplorare i propri interessi e a sviluppare idee innovative.

- Le scuole diventeranno incubatori di creatività anziché semplici luoghi di istruzione passiva.

3. Inclusione e accessibilità globale

- Un sistema educativo basato sull'IA potrebbe eliminare le barriere economiche e geografiche all'apprendimento.

- Chiunque, indipendentemente dalla propria situazione finanziaria, potrebbe accedere a un'istruzione di qualità.

Conclusione

L'apprendimento personalizzato con IA ha il potenziale di trasformare radicalmente il modo in cui le persone acquisiscono conoscenze e competenze. Grazie a percorsi educativi su misura, maggiore accessibilità e un'attenzione più profonda alle esigenze individuali, il futuro dell'istruzione potrebbe essere più equo, efficiente e motivante. Tuttavia, è essenziale affrontare le sfide legate alla tecnologia, alla privacy e al ruolo degli insegnanti per garantire che questa rivoluzione educativa sia positiva per tutti.

23. Accesso illimitato alla conoscenza – L'informazione sarà disponibile in tempo reale ovunque

Introduzione

L'accesso alla conoscenza è stato per secoli limitato da fattori geografici, economici e sociali. Con l'evoluzione delle tecnologie digitali e dell'intelligenza artificiale, stiamo entrando in un'era in cui l'informazione sarà disponibile in tempo reale ovunque, senza restrizioni. Questo cambiamento potrebbe rivoluzionare l'istruzione, la ricerca e il progresso umano, eliminando le barriere all'apprendimento e democratizzando l'accesso alla conoscenza.

Come sarà possibile un accesso illimitato alla conoscenza?

1. Intelligenza artificiale e assistenti virtuali

- L'IA fornirà risposte personalizzate e approfondite in tempo reale.

- Chatbot e assistenti virtuali permetteranno di accedere a qualsiasi informazione con un semplice comando vocale.

2. Connessione globale e Internet ovunque

- Progetti come Starlink e reti satellitari garantiranno l'accesso a Internet anche nelle aree più remote.

- L'informazione sarà disponibile su qualsiasi dispositivo, senza dipendere da infrastrutture locali.

3. Biblioteche digitali e archivi globali

- Tutti i libri, articoli accademici e ricerche scientifiche saranno digitalizzati e accessibili gratuitamente.

- Open data e archivi decentralizzati permetteranno di consultare documenti storici, scientifici e culturali in pochi secondi.

4. Realtà aumentata e apprendimento immersivo

- Attraverso la realtà aumentata, le persone potranno esplorare contenuti educativi in modo interattivo.

- Simulazioni e ambienti virtuali renderanno l'apprendimento più coinvolgente e pratico.

Benefici di un accesso illimitato alla conoscenza

1. Democratizzazione dell'istruzione

- Chiunque, indipendentemente dal reddito o dalla posizione geografica, potrà accedere a materiali didattici di alta qualità.

- Le università e le scuole potrebbero trasformarsi in centri di tutoraggio, mentre la formazione sarà sempre più autonoma.

2. Accelerazione del progresso scientifico

- Condivisione istantanea delle scoperte scientifiche senza barriere economiche o politiche.

- Collaborazione tra ricercatori di tutto il mondo, indipendentemente dalla loro posizione o istituzione di appartenenza.

3. Maggiore consapevolezza e senso critico

- Le persone avranno strumenti per verificare le informazioni, riducendo la diffusione di fake news e manipolazioni.

- L'educazione critica ai media diventerà una competenza essenziale nella società del futuro.

4. Innovazione continua in ogni settore

- L'accesso illimitato ai dati permetterà a chiunque di sviluppare nuove idee e soluzioni.

- Aziende, startup e governi potranno prendere decisioni più informate e basate su dati in tempo reale.

Sfide e ostacoli all'accesso illimitato alla conoscenza

1. Privacy e sicurezza dei dati

- Garantire che l'informazione sia accessibile a tutti senza violare la privacy degli individui sarà una sfida fondamentale.

- Sarà necessario sviluppare sistemi di protezione avanzati contro la manipolazione e la censura delle informazioni.

2. Sovraccarico informativo e difficoltà di selezione

- L'enorme quantità di dati disponibili potrebbe rendere difficile distinguere informazioni rilevanti da contenuti inutili o fuorvianti.

- Gli algoritmi di IA dovranno essere trasparenti e progettati per evitare la creazione di bolle informative.

3. Accesso equo alle tecnologie

- Non tutti nel mondo hanno ancora dispositivi e connessioni Internet adeguate.

- Governi e organizzazioni internazionali dovranno investire in infrastrutture digitali per evitare nuove forme di disuguaglianza.

Impatto sulla società e sul futuro dell'educazione

1. Cambiamento nel ruolo degli insegnanti e delle istituzioni educative

- Gli insegnanti diventeranno più mentori e guide, aiutando gli studenti a navigare l'enorme quantità di informazioni disponibili.

- Le scuole e le università potrebbero trasformarsi in centri di discussione e sviluppo di competenze pratiche.

2. Personalizzazione dell'apprendimento

- Ogni individuo potrà seguire percorsi educativi personalizzati, basati sui propri interessi e ritmi di apprendimento.

- L'IA potrà suggerire materiali di studio e approfondimenti su misura per ogni utente.

3. Eliminazione delle barriere culturali e linguistiche

- La traduzione automatica in tempo reale abbatterà i confini linguistici, permettendo lo scambio di conoscenze tra tutte le culture.

- L'accesso ai contenuti sarà universale, indipendentemente dalla lingua madre dell'utente.

Conclusione

L'accesso illimitato alla conoscenza rappresenta una delle più grandi opportunità per l'umanità. Con l'aiuto della tecnologia, l'informazione sarà disponibile in tempo reale ovunque, abbattendo le barriere economiche, geografiche e culturali. Se gestito in modo etico e inclusivo, questo cambiamento potrebbe portare a una società più equa, informata e innovativa, in cui il sapere diventa un diritto universale e non un privilegio per pochi.

24. Fine delle università classiche – L'istruzione accademica potrebbe essere sostituita da formazione continua con IA

Introduzione

Le università tradizionali hanno per secoli rappresentato il punto di riferimento per l'istruzione superiore, ma con l'avvento dell'intelligenza artificiale (IA) e della digitalizzazione, questo modello potrebbe diventare obsoleto. La formazione continua, basata su sistemi di apprendimento automatizzato e personalizzato, potrebbe sostituire le università classiche, offrendo un'istruzione più flessibile, accessibile e incentrata sulle competenze reali richieste dal mercato del lavoro.

Perché le università classiche potrebbero scomparire?

1. Formazione personalizzata e continua

- Le piattaforme educative basate su IA permettono di imparare in qualsiasi momento, senza bisogno di iscriversi a corsi universitari tradizionali.

- L'apprendimento diventerà modulare e adattivo, con percorsi su misura per ogni individuo.

2. Riduzione dei costi dell'istruzione

- Le università tradizionali richiedono tasse elevate per coprire infrastrutture fisiche e personale amministrativo.

- L'IA potrebbe fornire formazione di alta qualità a costo quasi nullo, rendendo l'istruzione accessibile a tutti.

3. Obsolescenza dei modelli accademici tradizionali

- I programmi universitari spesso non riescono a tenere il passo con l'evoluzione delle competenze richieste dal mercato del lavoro.

- L'IA può aggiornare i corsi in tempo reale, garantendo che i contenuti siano sempre attuali e pertinenti.

Come funzionerebbe la formazione continua con IA?

1. Apprendimento personalizzato basato su AI

- Algoritmi avanzati analizzano le esigenze e le capacità di ogni studente, fornendo materiali didattici personalizzati.

- Il ritmo di studio viene adattato automaticamente alle capacità di apprendimento di ogni individuo.

2. Micro-credential e certificazioni dinamiche

- Invece di lauree quinquennali, gli studenti potranno ottenere certificati digitali riconosciuti in specifiche competenze.

- Le aziende daranno maggiore valore alle competenze pratiche certificate piuttosto che ai titoli accademici tradizionali.

3. Esperienza pratica e simulazioni reali

- L'uso della realtà virtuale e della gamification permetterà di acquisire esperienza direttamente tramite ambienti simulati.

- I lavoratori potranno formarsi sul campo senza dover interrompere la loro carriera per frequentare un'università.

Vantaggi della formazione continua con IA

1. Accesso universale all'istruzione

- L'apprendimento non sarà più limitato a chi può permettersi un'istruzione universitaria costosa.

- Persone di qualsiasi età e background potranno acquisire nuove competenze senza vincoli geografici.

2. Maggiore adattabilità al mercato del lavoro

- Le persone potranno aggiornare continuamente le loro competenze senza dover tornare sui banchi di scuola.

- Le aziende beneficeranno di lavoratori sempre aggiornati sulle tecnologie più recenti.

3. Eliminazione delle barriere economiche e sociali

- Il sistema educativo diventerà meritocratico, basato sulle reali capacità anziché sulla disponibilità economica per accedere a un'università.

- L'IA potrà offrire formazione in lingue diverse e personalizzata per ogni cultura e contesto.

Sfide e ostacoli alla transizione

1. Resistenza delle istituzioni accademiche

- Le università potrebbero opporsi a un modello che riduce la loro rilevanza.

- Le istituzioni dovrebbero ripensare il loro ruolo, trasformandosi in centri di ricerca e innovazione piuttosto che in enti di formazione tradizionale.

2. Riconoscimento ufficiale delle nuove certificazioni

- Sarà necessario un sistema globale che standardizzi e accrediti le certificazioni digitali.

- Governi e aziende dovranno collaborare per stabilire criteri di valutazione equi e trasparenti.

3. Bilanciare tecnologia e interazione umana

- L'apprendimento interamente digitale potrebbe ridurre le opportunità di socializzazione e networking.

- Sarà fondamentale integrare momenti di interazione tra studenti, docenti e mentori.

Conclusione

La fine delle università classiche e la nascita di un sistema di formazione continua con IA potrebbero rivoluzionare il modo in cui le persone acquisiscono conoscenze e competenze. L'educazione diventerà più accessibile, flessibile ed efficace, permettendo a chiunque di apprendere in base ai propri bisogni e obiettivi. Tuttavia, la transizione richiederà una ridefinizione delle istituzioni educative, nuove regolamentazioni e un equilibrio tra tecnologia e interazione umana per garantire un apprendimento completo e di qualità.

25. Nuove forme di apprendimento pratico – Le persone potrebbero imparare attraverso simulazioni immersive

Introduzione

L'educazione tradizionale è stata per lungo tempo teorica e basata sulla memorizzazione di informazioni piuttosto che sull'esperienza diretta. Tuttavia, con i progressi nella realtà virtuale (VR), nell'intelligenza artificiale (IA) e nella gamification, l'apprendimento pratico sta diventando sempre più accessibile. Le persone potrebbero presto acquisire nuove competenze attraverso simulazioni immersive, che offrono esperienze realistiche senza i limiti della formazione convenzionale.

Perché le simulazioni immersive potrebbero rivoluzionare l'apprendimento?

1. Apprendimento esperienziale e interattivo

- Le simulazioni permettono di apprendere facendo, anziché solo leggendo o ascoltando.

- Esperienze pratiche in ambienti virtuali offrono un coinvolgimento maggiore rispetto alle lezioni tradizionali.

2. Maggiore sicurezza ed efficienza nell'addestramento

- Settori come la medicina, l'ingegneria e l'aviazione possono utilizzare simulazioni per formare i professionisti senza rischi reali.

- L'addestramento in VR consente agli studenti di affrontare situazioni complesse in un ambiente controllato.

3. Personalizzazione dell'apprendimento

- L'IA può adattare le simulazioni alle esigenze di ogni individuo, migliorando il ritmo e la qualità dell'apprendimento.

- I contenuti educativi possono essere regolati in base al livello di esperienza dello studente.

Esempi di nuove forme di apprendimento pratico

1. Formazione medica e chirurgica

- I futuri medici possono esercitarsi su modelli virtuali realistici prima di operare su pazienti veri.

- Simulazioni avanzate aiutano a sviluppare abilità critiche senza mettere a rischio vite umane.

2. Apprendimento tecnico e ingegneristico

- Gli ingegneri possono progettare e testare strutture in ambienti virtuali prima della costruzione fisica.

- La manutenzione di macchinari complessi può essere simulata per migliorare le competenze tecniche.

3. Addestramento per emergenze e situazioni critiche

- I vigili del fuoco e le forze dell'ordine possono allenarsi in scenari realistici senza pericoli.

- Simulazioni di catastrofi naturali aiutano le squadre di soccorso a prepararsi meglio.

4. Apprendimento linguistico e culturale

- Le persone possono immergersi virtualmente in ambienti in cui si parla una lingua straniera.

- Simulazioni culturali permettono di vivere esperienze internazionali senza viaggiare.

Benefici delle simulazioni immersive nell'apprendimento

1. Aumento della retention e della comprensione

- Gli studenti ricordano meglio le informazioni quando le sperimentano direttamente.

- La pratica attiva favorisce un apprendimento più profondo e duraturo.

2. Accessibilità e inclusione

- Le simulazioni digitali rendono l'apprendimento pratico disponibile a tutti, indipendentemente dalla posizione geografica.

- Persone con disabilità possono beneficiare di esperienze educative su misura.

3. Maggiore coinvolgimento e motivazione

- Le esperienze immersive rendono lo studio più stimolante e divertente.

- La gamification incentiva la partecipazione e il miglioramento continuo.

Sfide e ostacoli alla diffusione delle simulazioni immersive

1. Costo e infrastrutture tecnologiche

- Le attrezzature VR e le piattaforme avanzate richiedono investimenti significativi.

- Non tutti hanno accesso a dispositivi di alta tecnologia.

2. Adattamento del sistema educativo

- Le scuole e le università devono aggiornare i loro programmi per integrare le nuove tecnologie.

- Insegnanti e formatori devono essere formati per utilizzare efficacemente questi strumenti.

3. Bilanciamento tra tecnologia e interazione umana

- L'uso della tecnologia non deve sostituire completamente l'apprendimento collaborativo e il contatto umano.

- È importante combinare esperienze digitali con applicazioni pratiche nel mondo reale.

Impatto sulla società e sul futuro dell'educazione

1. Preparazione per lavori del futuro

- Le nuove competenze richieste dall'economia digitale saranno acquisite attraverso esperienze pratiche.

- I lavoratori potranno aggiornarsi continuamente senza dover interrompere la loro carriera.

2. Apprendimento continuo e flessibile

- Le persone potranno formarsi in qualsiasi momento della loro vita, senza vincoli di tempo e luogo.

- Il concetto di istruzione potrebbe passare da un sistema basato su titoli accademici a un modello di apprendimento permanente.

3. Innovazione nei metodi di insegnamento

- Le istituzioni educative diventeranno più dinamiche, offrendo esperienze pratiche invece di sole lezioni teoriche.

- Il ruolo dell'insegnante cambierà, diventando più simile a un mentore che guida gli studenti nell'esplorazione pratica delle conoscenze.

Conclusione

Le nuove forme di apprendimento pratico basate su simulazioni immersive stanno trasformando l'istruzione e la formazione professionale. Queste tecnologie offrono un'esperienza più coinvolgente, sicura ed efficace, rendendo l'apprendimento accessibile a tutti e preparando meglio le persone alle sfide del mondo reale. Sebbene ci siano ostacoli da superare, il futuro dell'educazione sembra destinato a essere più interattivo, esperienziale e orientato alle competenze pratiche.

26. Espansione della realtà virtuale educativa – Le aule potrebbero diventare completamente digitali

Introduzione

L'educazione tradizionale sta attraversando una trasformazione radicale grazie alla realtà virtuale (VR). Questa tecnologia permette di creare ambienti di apprendimento immersivi e interattivi, superando i limiti delle aule fisiche. Le scuole e le università potrebbero diventare completamente digitali, offrendo esperienze educative più coinvolgenti, personalizzate e accessibili a tutti.

Perché la realtà virtuale cambierà l'educazione?

1. Apprendimento immersivo e interattivo

- Gli studenti possono esplorare concetti complessi in ambienti virtuali tridimensionali.

- Le esperienze VR aumentano la comprensione e la retention delle informazioni rispetto ai metodi tradizionali.

2. Accessibilità globale all'istruzione

- Gli studenti in qualsiasi parte del mondo potranno accedere a corsi avanzati senza dover viaggiare.

- La realtà virtuale riduce il divario educativo tra paesi sviluppati e in via di sviluppo.

3. Simulazioni pratiche per competenze avanzate

- La VR permette di simulare esperienze professionali in medicina, ingegneria, scienze e molti altri settori.

- Gli studenti possono esercitarsi in ambienti realistici senza rischi o costi elevati.

Esempi di applicazione della realtà virtuale nell'educazione

1. Corsi scientifici ed esplorazione spaziale

- Gli studenti possono viaggiare all'interno di una cellula o esplorare il sistema solare in modo interattivo.

- Esperimenti di chimica e fisica possono essere eseguiti virtualmente senza rischi.

2. Simulazioni mediche e chirurgiche

- I futuri medici possono praticare interventi complessi in ambienti virtuali ultra-realistici.

- L'addestramento chirurgico diventa più efficace grazie alla possibilità di ripetere le procedure senza limiti.

3. Apprendimento linguistico e culturale

131

- La VR permette di immergersi in ambienti linguistici reali, migliorando la comprensione e la pronuncia.

- Gli studenti possono esplorare culture diverse senza dover viaggiare fisicamente.

4. Storia e archeologia interattiva

- Possibilità di visitare ricostruzioni virtuali di antiche civiltà e monumenti storici.

- Lezioni di storia diventano esperienze coinvolgenti e visivamente impattanti.

Benefici delle aule completamente digitali

1. Maggiore coinvolgimento degli studenti

- Le lezioni diventano più dinamiche e meno noiose rispetto ai metodi tradizionali.

- La possibilità di esplorare e interagire rende l'apprendimento più efficace e divertente.

2. Apprendimento personalizzato

- I programmi di studio possono essere adattati alle capacità e agli interessi di ogni studente.

- L'IA può monitorare i progressi e suggerire esercizi personalizzati in base alle difficoltà individuali.

3. Riduzione dei costi educativi

- Le scuole non avrebbero bisogno di grandi infrastrutture fisiche, riducendo le spese operative.
- Materiali didattici digitali sostituirebbero i libri di testo costosi.

Sfide e ostacoli alla diffusione della realtà virtuale educativa

1. Costi delle tecnologie VR

- I visori VR e le piattaforme immersive sono ancora costosi per molte istituzioni scolastiche.
- Investimenti governativi e privati saranno necessari per rendere questa tecnologia accessibile a tutti.

2. Adattamento del sistema educativo

- Gli insegnanti dovranno essere formati per integrare la VR nei loro metodi di insegnamento.
- Le scuole dovranno ripensare i programmi didattici per sfruttare al meglio le nuove tecnologie.

3. Rischio di isolamento sociale

- L'apprendimento digitale non deve sostituire completamente l'interazione umana e le esperienze collaborative.
- Le scuole dovranno bilanciare l'uso della VR con momenti di socializzazione reale tra studenti.

Impatto sul futuro dell'istruzione

1. Formazione continua e accessibile a tutti

- Chiunque, indipendentemente dall'età o dalla posizione geografica, potrà accedere a corsi di alto livello.

- La VR potrebbe eliminare le barriere economiche e sociali nell'educazione.

2. Nuove modalità di valutazione delle competenze

- Le università e le aziende potrebbero basare le valutazioni su esperienze pratiche virtuali anziché su esami teorici.

- I certificati digitali e gli attestati di competenze potrebbero sostituire i diplomi tradizionali.

3. Innovazione nel mercato del lavoro

- I lavoratori potranno aggiornare le loro competenze in tempo reale, senza dover tornare in aula fisicamente.

- Le aziende potranno formare il personale attraverso simulazioni pratiche di alto livello.

Conclusione

L'espansione della realtà virtuale educativa potrebbe trasformare radicalmente il concetto di scuola e università. Con aule completamente digitali, l'apprendimento diventerebbe più interattivo, accessibile e personalizzato. Tuttavia, sarà fondamentale garantire che la transizione avvenga in modo inclusivo ed equilibrato, preservando il valore dell'interazione umana e dell'esperienza condivisa nell'educazione. Con il giusto approccio, la VR potrebbe inaugurare una nuova era dell'apprendimento, rendendolo più efficace, coinvolgente e alla portata di tutti.

27. Meno competizione scolastica – Senza necessità di "prepararsi al lavoro", l'educazione sarà più libera

Introduzione

Il sistema scolastico tradizionale è stato a lungo basato sulla competizione, con voti, esami e classifiche che determinano il successo degli studenti. Tuttavia, con l'automazione e la progressiva riduzione del lavoro tradizionale, la necessità di formare lavoratori altamente competitivi potrebbe scomparire. L'educazione potrebbe trasformarsi in un percorso più libero, incentrato sulla crescita personale, sulla creatività e sull'apprendimento collaborativo, senza l'ansia della competizione.

Perché la competizione scolastica potrebbe scomparire?

1. Declino della necessità di prepararsi per un mercato del lavoro competitivo

- L'automazione e l'intelligenza artificiale ridurranno il numero di lavori tradizionali, rendendo obsoleta la necessità di "formare" lavoratori altamente competitivi.

- Le competenze richieste dal futuro saranno più legate alla creatività, alla collaborazione e alla risoluzione di problemi complessi, piuttosto che alla memorizzazione e alla performance nei test.

2. Educazione basata sull'apprendimento continuo e personale

- Senza la necessità di competere per entrare nelle migliori università o ottenere il miglior lavoro, gli studenti potranno apprendere al proprio ritmo.

- L'educazione potrebbe diventare un processo continuo e flessibile, con meno pressione per ottenere voti perfetti e più spazio per l'esplorazione.

3. Valorizzazione delle competenze individuali invece della standardizzazione

- I sistemi scolastici attuali impongono standard uguali per tutti, penalizzando le differenze individuali.

- Un'educazione più libera permetterebbe agli studenti di sviluppare i propri talenti in modo naturale, senza essere costretti a confrontarsi con schemi rigidi di valutazione.

Come potrebbe cambiare l'educazione senza competizione?

1. Apprendimento collaborativo anziché competitivo

- Invece di studiare per superare gli altri, gli studenti potrebbero lavorare insieme per risolvere problemi e sviluppare progetti comuni.

- Le classi potrebbero essere organizzate in gruppi di lavoro, promuovendo l'inclusione e la condivisione delle conoscenze.

2. Eliminazione di voti e test standardizzati

- Le valutazioni potrebbero basarsi su progressi personali e portfolio di progetti invece di numeri e classifiche.

- Gli studenti potrebbero scegliere il proprio percorso di apprendimento senza sentirsi giudicati da un sistema rigido.

3. Educazione orientata alla passione e alla creatività

- Le scuole potrebbero incoraggiare lo sviluppo di talenti artistici, scientifici e pratici senza la pressione di ottenere il miglior voto.

- Gli studenti sarebbero liberi di sperimentare e innovare, invece di concentrarsi solo sul "passare gli esami."

Benefici di un'educazione meno competitiva

1. Miglioramento della salute mentale

- Senza l'ansia da prestazione e la paura del fallimento, gli studenti sarebbero meno stressati e più motivati.

- L'apprendimento diventerebbe un'esperienza positiva e stimolante invece di una fonte di pressione.

2. Sviluppo di competenze più utili per il futuro

- La creatività, la capacità di lavorare in squadra e la risoluzione di problemi saranno più importanti della pura competizione.

- L'educazione potrebbe concentrarsi su abilità pratiche e personali, preparando gli studenti a una vita più equilibrata e soddisfacente.

3. Maggiore equità nell'istruzione

- Le disuguaglianze sociali spesso si riflettono nei risultati scolastici a causa della competizione basata su risorse economiche e opportunità.

- Un sistema più inclusivo garantirebbe che ogni studente possa apprendere in base alle proprie capacità, senza essere svantaggiato da fattori esterni.

Sfide nella transizione a un sistema educativo senza competizione

1. Resistenza da parte di istituzioni e aziende

- Molti settori si basano ancora sulla selezione attraverso voti e titoli accademici.

- Sarà necessario ripensare il modo in cui vengono valutate le competenze nel mondo del lavoro.

2. Cambiamento della mentalità sociale

- Per generazioni, la competizione è stata vista come un motore di successo; eliminare questa idea richiederà tempo e nuove strategie educative.

- Le famiglie dovranno adattarsi a un sistema in cui il progresso personale conta più del confronto con gli altri.

3. Creazione di nuovi metodi di valutazione

- Senza voti e test, sarà necessario trovare modi alternativi per misurare i progressi degli studenti.

- Portfoli digitali, progetti collaborativi e valutazioni basate su competenze pratiche potrebbero sostituire i sistemi attuali.

Impatto sulla società e sul futuro dell'educazione

1. Maggiore benessere e felicità degli studenti

- Senza la pressione della competizione, l'apprendimento diventerà un piacere invece che un obbligo stressante.

- Gli studenti saranno più motivati a esplorare e sviluppare le loro passioni.

2. Maggiore collaborazione tra individui

- Un'educazione basata sulla cooperazione potrebbe favorire una società più solidale e meno orientata alla competizione.

- Le persone imparerebbero fin da giovani l'importanza del supporto reciproco e della condivisione delle conoscenze.

3. Nuovi percorsi di carriera e crescita personale

- In un mondo senza lavoro tradizionale, l'educazione non dovrà più servire solo a ottenere un impiego.

- Le persone potranno apprendere per il puro piacere della conoscenza e della crescita personale.

Conclusione

Un sistema educativo senza competizione potrebbe portare a una società più equa, inclusiva e motivata dall'apprendimento per il piacere di conoscere, anziché per la necessità di superare gli altri. Con l'eliminazione della pressione legata ai voti e agli esami, gli studenti potrebbero sviluppare appieno il loro potenziale, diventando individui più creativi, collaborativi e mentalmente sani. Il futuro dell'istruzione potrebbe non essere più una corsa al successo, ma un percorso di crescita personale senza limiti imposti dalla competizione.

28. Accesso equo alle opportunità – Tutti avranno le stesse possibilità di apprendimento

Introduzione

L'accesso all'istruzione e alle opportunità di apprendimento è stato a lungo determinato da fattori economici, geografici e sociali. Tuttavia, con l'evoluzione della tecnologia, dell'intelligenza artificiale (IA) e dei nuovi modelli educativi, il divario tra chi ha risorse e chi ne è privo potrebbe essere colmato. Il futuro potrebbe essere caratterizzato da un sistema educativo equo, in cui tutti abbiano le stesse possibilità di apprendere e crescere, indipendentemente dalle loro condizioni di partenza.

Perché l'accesso equo all'istruzione è fondamentale?

1. Riduzione delle disuguaglianze sociali

- L'istruzione è uno dei principali fattori che determinano il successo economico e personale di un individuo.

- Garantire pari opportunità educative significa ridurre le disparità di reddito e di qualità della vita.

2. Sviluppo del potenziale individuale

- Ogni persona ha talenti e capacità uniche, che possono emergere solo se ha accesso a risorse educative adeguate.

- Un sistema educativo equo favorisce la crescita personale e il benessere psicologico.

3. Maggiore innovazione e progresso

- Più persone con accesso all'istruzione significa più idee, innovazione e soluzioni ai problemi globali.

- Società con alti livelli di istruzione tendono a essere più prospere e stabili.

Come garantire l'accesso equo alle opportunità di apprendimento?

1. Digitalizzazione e istruzione online

- Le piattaforme educative digitali possono offrire corsi gratuiti o a basso costo accessibili ovunque.

- La connessione a Internet nelle aree rurali e svantaggiate permetterà a tutti di partecipare alla formazione globale.

2. Intelligenza artificiale per l'apprendimento personalizzato

- I tutor virtuali basati su IA possono adattare il percorso di apprendimento alle esigenze di ogni studente.

- Algoritmi avanzati possono aiutare a colmare le lacune e fornire supporto in tempo reale.

3. Formazione continua e accessibile a tutte le età

- L'istruzione non dovrebbe essere limitata solo agli anni scolastici, ma disponibile per tutta la vita.

- Corsi di aggiornamento e nuove competenze dovrebbero essere accessibili a chiunque, indipendentemente dall'età o dalla carriera.

4. Riduzione delle barriere economiche

- Borse di studio e programmi di finanziamento possono garantire che nessuno sia escluso dall'istruzione per motivi economici.

- Le istituzioni educative potrebbero adottare modelli di pagamento flessibili o gratuiti per le persone a basso reddito.

Benefici di un sistema educativo equo

1. Maggiore mobilità sociale

- Un sistema educativo accessibile a tutti permette alle persone di migliorare la propria condizione economica e sociale.

- Le opportunità non saranno più determinate dalla nascita o dal reddito familiare.

2. Società più giuste e democratiche

- L'accesso equo all'istruzione riduce le tensioni sociali e promuove una società più coesa.

- Più persone istruite significa una cittadinanza più consapevole e attiva nella vita politica e civile.

3. Economia più forte e resiliente

- Un mercato del lavoro con individui qualificati è più competitivo e adattabile ai cambiamenti tecnologici.

- Più formazione significa più innovazione e crescita economica sostenibile.

Sfide e ostacoli alla creazione di un sistema educativo equo

1. Accesso alla tecnologia e infrastrutture digitali

- Non tutti hanno accesso a dispositivi tecnologici e connessione Internet di qualità.

- Sarà necessario investire in infrastrutture digitali per eliminare il divario tecnologico.

2. Resistenza da parte di istituzioni tradizionali

- Le università e le scuole tradizionali potrebbero opporsi a un modello educativo più inclusivo e decentralizzato.

- Sarà necessario ripensare il ruolo delle istituzioni educative in un mondo digitale.

145

3. Adattamento culturale e mentale

- Molti paesi e comunità vedono ancora l'istruzione come un privilegio piuttosto che un diritto universale.

- Un cambiamento di mentalità sarà necessario per accettare un nuovo modello educativo aperto a tutti.

Impatto sul futuro dell'educazione e della società

1. Educazione senza confini geografici

- Gli studenti potranno seguire corsi dalle migliori università del mondo senza doversi spostare.

- Le collaborazioni globali diventeranno la norma, migliorando la condivisione delle conoscenze.

2. Formazione su misura per ogni individuo

- Con l'IA e l'apprendimento adattivo, ogni persona potrà ricevere un'istruzione perfettamente adatta alle sue esigenze.

- Non ci saranno più studenti "troppo lenti" o "troppo veloci", ma percorsi educativi flessibili per tutti.

3. Maggiore uguaglianza e inclusione sociale

- Un'istruzione accessibile ridurrà le disuguaglianze e permetterà a tutti di contribuire alla società.

- Le persone avranno più strumenti per partecipare attivamente all'economia e alla vita comunitaria.

Conclusione

L'accesso equo alle opportunità di apprendimento è fondamentale per creare un mondo più giusto, innovativo e sostenibile. Grazie alla tecnologia, all'intelligenza artificiale e a nuovi modelli educativi, l'istruzione può diventare un diritto universale piuttosto che un privilegio per pochi. Con investimenti adeguati e un cambiamento di mentalità, tutti potranno avere le stesse possibilità di apprendere, crescere e migliorare la propria vita, indipendentemente dalle loro condizioni di partenza.

29. Cultura della curiosità – La ricerca di nuove conoscenze sarà più valorizzata

Introduzione

La curiosità è il motore del progresso umano. Senza di essa, l'evoluzione scientifica, culturale e tecnologica sarebbe rimasta statica. La ricerca di nuove conoscenze ha sempre avuto un ruolo chiave nella storia, ma oggi più che mai è destinata a diventare un valore fondamentale per le società moderne. In un'epoca caratterizzata da cambiamenti rapidi, innovazioni continue e la necessità di adattarsi a un mondo sempre più complesso, la cultura della curiosità si impone come una necessità strategica per il progresso collettivo.

L'importanza della curiosità nella società moderna

L'abbondanza di informazioni accessibili a tutti non si traduce automaticamente in una maggiore conoscenza. Serve una mentalità curiosa per saper distinguere il valore dei dati, collegarli in modo critico e trarne nuove idee. Le società che promuovono la curiosità sviluppano cittadini più consapevoli, in grado di affrontare problemi complessi con creatività e spirito critico.

Curiosità e innovazione

Le aziende e le istituzioni che investono nella cultura della curiosità ottengono risultati migliori in termini di innovazione. La capacità di porsi domande, esplorare nuove soluzioni e sperimentare senza paura dell'errore è essenziale per lo sviluppo di nuove tecnologie, modelli di business e approcci scientifici. Le organizzazioni che incoraggiano la ricerca e il pensiero divergente tendono a essere più resilienti e competitive.

Curiosità e istruzione

Uno degli ambiti in cui la curiosità deve essere maggiormente valorizzata è l'istruzione. Le scuole e le università devono promuovere un apprendimento basato sulla scoperta e sul desiderio di approfondire, piuttosto che sulla mera memorizzazione di nozioni. La capacità di porre domande, esplorare nuove discipline e sviluppare un pensiero critico è cruciale per la formazione di individui pronti ad affrontare le sfide del futuro.

Curiosità come antidoto alla stagnazione culturale

La mancanza di curiosità porta a una stagnazione culturale, in cui le persone smettono di esplorare nuove prospettive e si chiudono nelle proprie convinzioni. In un mondo sempre più interconnesso, la capacità di comprendere culture diverse, idee nuove e punti di vista alternativi diventa un fattore determinante per la crescita personale e collettiva.

Curiosità e tecnologia: un binomio vincente

Il progresso tecnologico ha reso più facile accedere a conoscenze prima impensabili. Strumenti come l'intelligenza artificiale, il machine learning e il cloud computing stanno rivoluzionando il modo in cui apprendiamo e scopriamo nuove informazioni. Tuttavia, senza una cultura della curiosità, questi strumenti rischiano di essere sottoutilizzati o addirittura fraintesi.

Il futuro della curiosità: come valorizzarla?

Per rendere la ricerca di nuove conoscenze un valore centrale nella società, occorre agire su diversi fronti:

1. **Riformare i sistemi educativi**, incentivando l'apprendimento basato sulla scoperta e sul pensiero critico.

2. **Promuovere la cultura della ricerca nelle aziende**, incentivando la formazione continua e la sperimentazione.

3. **Valorizzare la multidisciplinarietà**, incoraggiando connessioni tra diversi campi del sapere.

4. **Creare spazi di dibattito e confronto**, dove le idee possano essere discusse liberamente senza timore del giudizio.

5. **Sfruttare la tecnologia per stimolare la curiosità**, utilizzando strumenti digitali per favorire l'accesso alla conoscenza.

6. **Incoraggiare il lifelong learning**, favorendo un'educazione continua per tutte le età e professioni.

7. **Promuovere la cultura della sperimentazione**, accettando il fallimento come parte integrante del percorso di apprendimento.

8. **Investire nella divulgazione scientifica e culturale**, rendendo accessibili le scoperte e le innovazioni a un pubblico più ampio.

Conclusione

La cultura della curiosità non è solo un lusso intellettuale, ma una necessità per la crescita individuale e collettiva. Valorizzare la ricerca di nuove conoscenze significa costruire una società più innovativa, resiliente e capace di affrontare le sfide del futuro. Solo attraverso una continua esplorazione del sapere possiamo garantire un progresso autentico e sostenibile. Rendere la curiosità un valore centrale nella società significa costruire un futuro più aperto, dinamico e ricco di opportunità per tutti.

30. Sviluppo di intelligenza collettiva – La società potrebbe essere più collaborativa nella conoscenza

Introduzione

L'intelligenza collettiva rappresenta la capacità di una società di raccogliere, condividere ed elaborare conoscenze in modo collaborativo, superando i limiti dell'intelligenza individuale. Con l'avvento della tecnologia e l'interconnessione globale, le opportunità per sviluppare un'intelligenza collettiva stanno crescendo esponenzialmente. La società potrebbe diventare più collaborativa nella generazione, condivisione e applicazione delle conoscenze, favorendo un progresso più rapido e sostenibile.

Cosa si intende per intelligenza collettiva?

L'intelligenza collettiva si manifesta quando un gruppo di individui lavora insieme, consapevolmente o meno, per risolvere problemi, prendere decisioni o innovare. Questo fenomeno può essere osservato in vari ambiti, dalla scienza alla politica, dall'economia alla cultura digitale. L'obiettivo è superare le limitazioni dell'intelligenza individuale attraverso la collaborazione e la condivisione di conoscenze.

Fattori chiave per lo sviluppo dell'intelligenza collettiva

1. Connettività globale e accesso all'informazione

Internet e le nuove tecnologie digitali hanno abbattuto le barriere geografiche, rendendo possibile la connessione tra persone con conoscenze, esperienze e prospettive diverse. L'accesso a dati aperti e piattaforme collaborative ha incentivato la creazione di una conoscenza condivisa.

2. Piattaforme collaborative e social network

Le piattaforme digitali, come Wikipedia, GitHub, Stack Overflow e forum scientifici, permettono la condivisione e la revisione delle informazioni in tempo reale. I social media, se usati consapevolmente, possono diventare strumenti di intelligenza collettiva, favorendo discussioni, scambi di idee e apprendimento reciproco.

3. Intelligenza artificiale e analisi dei big data

L'uso dell'IA per analizzare grandi quantità di dati può amplificare l'intelligenza collettiva, fornendo insight che gli esseri umani da soli non sarebbero in grado di ottenere. Algoritmi di machine learning possono supportare la sintesi delle informazioni, suggerire nuove connessioni tra concetti e identificare tendenze emergenti.

4. Cultura della collaborazione e della condivisione

Lo sviluppo dell'intelligenza collettiva richiede un cambio di mentalità, promuovendo la condivisione del sapere piuttosto che la competizione per l'informazione. Modelli open-source, scienza aperta e crowdsourcing sono esempi di come la collaborazione possa accelerare l'innovazione.

5. Educazione all'intelligenza collettiva

Le scuole e le università devono incentivare la collaborazione e il pensiero critico, insegnando agli studenti a lavorare in team, valutare le informazioni in modo obiettivo e utilizzare strumenti digitali per la condivisione della conoscenza.

Applicazioni dell'intelligenza collettiva nella società

1. Ricerca scientifica e innovazione tecnologica

Le comunità scientifiche e tecnologiche stanno già sfruttando l'intelligenza collettiva attraverso progetti di ricerca collaborativa e laboratori distribuiti. Esempi come il CERN e la ricerca open-source dimostrano come la cooperazione globale possa accelerare la scoperta di nuove conoscenze.

2. Economia e modelli di business collaborativi

L'intelligenza collettiva ha trasformato anche il mondo degli affari. Modelli come il crowdfunding, il coworking e le cooperative digitali dimostrano che la collaborazione può generare valore economico, riducendo i costi e aumentando l'efficienza.

3. Governance e partecipazione democratica

La politica può beneficiare dell'intelligenza collettiva attraverso piattaforme di democrazia partecipativa, che permettono ai cittadini di contribuire alle decisioni pubbliche. Esempi come il bilancio partecipativo in varie città del mondo mostrano come l'intelligenza collettiva possa migliorare la trasparenza e l'efficacia delle politiche pubbliche.

4. Risoluzione di problemi globali

Sfide come il cambiamento climatico, la gestione delle pandemie e la povertà richiedono soluzioni che nessun singolo individuo o nazione può trovare da solo. La collaborazione tra esperti, governi e cittadini può portare a strategie più efficaci e sostenibili.

Strumenti per potenziare l'intelligenza collettiva

- **Piattaforme di knowledge sharing**: Wikipedia, ResearchGate, Coursera.

- **Strumenti di crowdsourcing**: Kaggle, Innocentive, Zooniverse.

- **Applicazioni di democrazia partecipativa**: Decidim, LiquidFeedback.

- **Tecnologie di IA e big data**: GPT-4, IBM Watson, Google DeepMind.

Sfide e limiti dell'intelligenza collettiva

Nonostante i benefici, l'intelligenza collettiva presenta alcune criticità:

- **Qualità delle informazioni**: il rischio di diffusione di fake news e disinformazione.

- **Bias cognitivi e bolle informative**: il rischio che gruppi chiusi creino visioni distorte della realtà.

- **Difficoltà nella gestione dei conflitti**: opinioni divergenti possono ostacolare il processo decisionale.

- **Dipendenza dalla tecnologia**: un eccessivo affidamento su strumenti digitali può ridurre il pensiero critico.

Come incentivare l'intelligenza collettiva nella società?

1. **Promuovere una cultura della condivisione e della trasparenza.**

2. **Educare all'uso critico delle informazioni e alla collaborazione.**

3. **Investire in piattaforme aperte e strumenti digitali per la conoscenza condivisa.**

4. **Incoraggiare la partecipazione attiva di cittadini, aziende e governi.**

5. **Sviluppare regolamentazioni per garantire la qualità e l'etica nell'uso delle informazioni.**

Conclusione

L'intelligenza collettiva ha il potenziale per trasformare la società, rendendola più collaborativa, innovativa e resiliente. Se sfruttata correttamente, può migliorare l'istruzione, la governance, l'economia e la scienza, affrontando le sfide globali con un approccio partecipativo.

Tuttavia, per realizzarne il pieno potenziale, è necessario un impegno congiunto nel promuovere la collaborazione, educare alla condivisione delle conoscenze e sviluppare strumenti che facilitino la cooperazione su larga scala. Il futuro della conoscenza non sarà più individuale, ma collettivo.

NUOVE OCCUPAZIONI E PASSIONI

31. Fine della produttività come valore dominante – Il lavoro non sarà più il centro della vita umana

Per secoli, la produttività è stata il pilastro su cui si è costruita la società moderna. Dalla rivoluzione industriale all'era digitale, il valore di una persona è stato spesso misurato in base alla sua capacità di lavorare, produrre e generare ricchezza. Tuttavia, stiamo assistendo a una trasformazione profonda: il paradigma del lavoro come elemento centrale della vita umana sta vacillando. Automazione, intelligenza artificiale, nuove filosofie di vita e un crescente desiderio di equilibrio tra vita personale e professionale stanno ridefinendo il ruolo del lavoro nella società.

1. Il declino della produttività come dogma

L'idea che il valore di un individuo sia strettamente legato alla sua produttività sta perdendo forza. Il concetto stesso di lavoro sta subendo una metamorfosi. In passato, l'etica del lavoro protestante e il capitalismo industriale hanno spinto le persone a misurare il proprio successo in base a quanto producono. Oggi, la crescente attenzione al benessere mentale, alla creatività e alla qualità della vita mette in discussione questo modello.

L'automazione e l'intelligenza artificiale stanno rendendo obsoleti molti lavori ripetitivi e routineri. Questo porta a un

159

paradosso: da un lato, la produttività aumenta grazie alle macchine; dall'altro, le persone si trovano a chiedersi quale sia il loro ruolo in una società in cui il lavoro umano diventa sempre meno essenziale.

2. L'automazione e la crisi del lavoro tradizionale

L'IA e la robotica stanno trasformando radicalmente il mondo del lavoro. Attività che un tempo richiedevano l'intervento umano vengono ora eseguite con maggiore efficienza dalle macchine. Settori come la logistica, la produzione industriale e persino alcuni ambiti creativi stanno vedendo una progressiva sostituzione della forza lavoro umana con algoritmi e robot.

Questo processo, se da un lato può generare ansia e insicurezza, dall'altro apre nuove possibilità. Se le persone non sono più costrette a lavorare per sopravvivere, possono dedicarsi a ciò che le passioni, a ciò che ha un valore intrinseco piuttosto che economico.

3. Reddito universale e nuovi modelli economici

La fine della produttività come valore dominante si intreccia con il dibattito sul reddito di base universale. Se il lavoro non è più essenziale per il sostentamento, sarà necessario trovare nuovi strumenti per garantire una distribuzione equa della ricchezza.

Paesi come la Finlandia e il Canada hanno già sperimentato forme di reddito di base, con risultati promettenti in termini di benessere e qualità della vita. Un sistema del genere potrebbe permettere alle persone di scegliere lavori meno alienanti, ridurre lo stress e incentivare attività culturali, artistiche e sociali.

4. Il nuovo significato del tempo libero

Se il lavoro non è più il fulcro dell'esistenza, il tempo libero assume un nuovo valore. Storicamente, il tempo libero è stato visto come una pausa dalla produttività, un momento per recuperare le energie prima di tornare a lavorare. Ma cosa succede se il tempo libero diventa il centro della vita umana?

La cultura della curiosità, dell'auto-miglioramento e della ricerca di significato potrebbe sostituire la cultura della fatica e della performance. Le persone potrebbero dedicarsi all'arte, alla filosofia, alla scienza o semplicemente al piacere di vivere.

5. Una società basata sulla collaborazione e la condivisione

La fine della produttività come valore dominante non significa la fine del lavoro, ma una sua trasformazione. In una società meno ossessionata dalla crescita economica a tutti i costi, il lavoro potrebbe diventare un'attività più collaborativa e meno competitiva.

Progetti open-source, economia della condivisione, cooperazione volontaria: tutte queste forme di interazione sociale potrebbero diventare più diffuse. L'obiettivo non sarebbe più il profitto individuale, ma il miglioramento collettivo della qualità della vita.

6. Il ruolo della tecnologia nel post-lavoro

Se le macchine assumono sempre più compiti, le persone possono ridefinire il loro rapporto con la tecnologia. L'IA potrebbe essere vista non come un nemico che ruba posti di lavoro, ma come uno strumento che libera gli esseri umani dal lavoro forzato.

Le città potrebbero essere riprogettate per favorire la socializzazione e il benessere anziché la produttività. Gli spazi pubblici diventerebbero più importanti, così come l'educazione continua e le attività ricreative.

7. Educazione e nuove priorità sociali

Se il lavoro non è più il centro della vita, l'educazione assume un ruolo ancora più cruciale. Non si tratterà più solo di formare persone per il mercato del lavoro, ma di aiutarle a scoprire sé stesse, sviluppare pensiero critico e vivere una vita soddisfacente.

L'educazione potrebbe essere meno rigidamente strutturata e più orientata alla curiosità. Imparare non sarebbe più un mezzo per ottenere un impiego, ma un'attività di valore in sé.

8. Le sfide di una società post-lavoro

Naturalmente, questa trasformazione non avverrà senza difficoltà. Il concetto di identità è spesso legato al lavoro, e molte persone potrebbero sentirsi smarrite in un mondo in cui il lavoro non è più il fulcro della vita. Sarà necessario un cambiamento culturale profondo per accettare una società basata su valori diversi.

Inoltre, la transizione dovrà essere gestita in modo equo. Senza adeguate politiche di redistribuzione, c'è il rischio che solo una parte della popolazione possa godere dei benefici del mondo post-lavoro, mentre altri rimangono in situazioni di precarietà.

9. Conclusione

La fine della produttività come valore dominante non significa la fine del progresso, ma una sua ridefinizione. L'umanità potrebbe finalmente liberarsi dall'ossessione del lavoro e dedicarsi a ciò che realmente conta: relazioni, creatività, benessere e conoscenza.

Non si tratta di un'utopia irrealizzabile, ma di un cambiamento già in atto. Il futuro del lavoro non è necessariamente la sua scomparsa, ma la sua trasformazione in qualcosa di più umano, più libero e più significativo.

32. Crescita dell'arte e dell'intrattenimento – La creatività umana diventerà ancora più importante

L'arte e l'intrattenimento hanno sempre giocato un ruolo cruciale nella storia dell'umanità. Dalla pittura rupestre ai moderni film in realtà virtuale, la creatività umana è stata un elemento distintivo della nostra evoluzione culturale. Tuttavia, il XXI secolo sta inaugurando un'epoca in cui l'arte e l'intrattenimento non sono più solo forme di svago, ma pilastri centrali della società. Con l'avvento delle nuove tecnologie, il cambiamento nei valori sociali e l'evoluzione del lavoro, la creatività umana sta diventando ancora più essenziale.

1. La rivoluzione tecnologica nell'arte e nell'intrattenimento

L'innovazione tecnologica ha trasformato profondamente il modo in cui l'arte e l'intrattenimento diventano prodotti e consumati. L'intelligenza artificiale, la realtà aumentata e la blockchain stanno ridefinendo il concetto stesso di creatività.

- **Intelligenza Artificiale e Arte**: Strumenti come DALL·E e Midjourney consentono di generare immagini straordinarie in pochi secondi. Anche nella musica, algoritmi come quelli di OpenAI possono comporre brani originali. Tuttavia, la creatività umana rimane insostituibile: l'IA può generare contenuti, ma è l'uomo a dare il loro significato.

- **Realtà Virtuale e Aumentata**: Il metaverso e le esperienze immersive stanno rivoluzionando il modo in cui interagiamo con l'arte. Mostre virtuali, concerti interattivi e giochi immersivi aprono nuove possibilità espressive.

- **Blockchain e NFT**: La blockchain ha introdotto il concetto di proprietà digitale con gli NFT, offrendo agli artisti nuove opportunità di guadagno e di controllo sulle loro opere.

Queste tecnologie non stanno sostituendo la creatività umana, ma la stanno potenziando, permettendo a più persone di esprimersi e raggiungere un pubblico globale.

2. La crescente domanda di contenuti artistici

Con l'aumento del tempo libero e la riduzione del lavoro tradizionale, le persone cercano sempre più contenuti artistici e di intrattenimento. Le piattaforme di streaming, i videogiochi e i social media stanno registrando una crescita esponenziale.

- **L'era dello streaming**: servizi come Netflix, Spotify e YouTube hanno reso accessibile una quantità infinita di contenuti. Ciò ha stimolato una produzione sempre più diversificata e personalizzata.

- **L'industria dei videogiochi**: i videogiochi sono diventati una delle forme di intrattenimento più influenti, con esperienze narrative sempre più sofisticate. Titoli come *The Last of Us* o *Red Dead Redemption 2* dimostrano come il videogioco possa essere una forma d'arte.

- **Il boom del podcasting e dell'audio entertainment**: La narrazione orale è tornata in auge con i podcast, che offrono contenuti approfonditi e creativi in qualsiasi ambito.

La domanda di contenuti originali non è mai stata così alta, spingendo artisti e creativi a esplorare nuovi orizzonti.

3. L'arte come espressione di identità e cambiamento sociale

L'arte non è solo intrattenimento, ma anche un mezzo per esprimere identità, idee e lotte sociali. Movimenti artistici e culturali stanno ridefinendo i valori della società.

- **L'arte come attivismo**: Dalle opere di Banksy ai film che trattano tematiche sociali, l'arte è un potente strumento di cambiamento. Documentari, musica e street art danno voce a cause globali come il cambiamento climatico e i diritti umani.

- **Diversità e inclusione nell'intrattenimento**: La rappresentazione di gruppi marginalizzati nei media è aumentata. Film, serie TV e libri stanno diventando sempre più inclusivi, riflettendo la complessità della società.

- **L'arte e la salute mentale**: La creatività è sempre più riconosciuta come una forma di terapia. La scrittura, la pittura e la musica aiutano milioni di persone a esprimere emozioni ea gestire lo stress.

Questi fattori rendono l'arte più necessaria che mai, in un mondo che cerca nuove forme di espressione e connessione.

4. Il futuro del lavoro creativo

Con l'automazione che riduce la necessità di lavori ripetitivi, i lavori creativi stanno diventando sempre più importanti. La società si sta spostando verso un modello in cui la creatività è una competenza chiave.

- **L'ascesa della creator economy**: Piattaforme come Patreon, TikTok e Substack permettono agli artisti di monetizzare direttamente il loro lavoro, riducendo la dipendenza da intermediari.

- **Nuove professioni artistiche**: Il futuro vedrà la nascita di nuove professioni ibride tra tecnologia e creatività, come esperti di realtà virtuale, designer di mondi digitali e curatori di esperienze immersive.

167

- **Formazione artistica più valorizzata**: L'educazione si sta adattando a questa trasformazione, dando maggiore spazio alle materie artistiche e alla creatività digitale.

La crescita dell'arte e dell'intrattenimento sta creando un'economia in cui la creatività non è solo un hobby, ma una carriera sostenibile.

5. Conclusione

L'arte e l'intrattenimento non sono mai stati così vitali per la società. In un mondo sempre più tecnologico e automatizzato, la creatività umana è l'unico elemento insostituibile. L'arte ci permette di esprimere la nostra individualità, di connetterci con gli altri e di immaginare nuovi futuri.

Il futuro vedrà un'umanità sempre più orientata alla creazione artistica, con una società che valorizza l'espressione personale e collettiva più della semplice produttività economica. La creatività non sarà più un lusso, ma un bisogno fondamentale.

33. Crescita del turismo e delle esperienze – Le persone avranno più tempo per viaggiare ed esplorare

Il turismo è sempre stato una delle attività più affascinanti e arricchenti per l'essere umano. Viaggiare significa scoprire nuove culture, paesaggi e tradizioni, oltre a favorire la crescita personale. Tuttavia, nel XXI secolo, il turismo sta vivendo una trasformazione radicale: le persone avranno più tempo per viaggiare ed esplorare, grazie a cambiamenti nel mondo del lavoro, nell'economia e nella tecnologia.

Questa evoluzione porta con sé nuove opportunità e sfide, ridefinendo il concetto stesso di viaggio. In un mondo in cui il tempo libero è sempre più valorizzato, il turismo diventa non solo un piacere, ma un elemento centrale della vita umana.

1. Il declino del lavoro tradizionale e l'aumento del tempo libero

Uno dei principali fattori che favorirà la crescita del turismo e la progressiva riduzione dell'orario di lavoro. Automazione, intelligenza artificiale e nuove modalità lavorative stanno trasformando il concetto di produttività.

- **Settimana lavorativa ridotta**: Sempre più aziende e paesi stanno sperimentando la settimana

169

lavorativa di quattro giorni. Questo modello permette alle persone di avere più tempo libero per viaggiare senza sacrificare la stabilità economica.

- **Lavoro remoto e nomadismo digitale**: Il lavoro a distanza consente di lavorare da qualsiasi parte del mondo. Sempre più professionisti scelgono di diventare "nomadi digitali", combinando lavoro e viaggio in uno stile di vita unico.

- **Reddito universale e nuove economie**: Se il reddito di base universale diventa realtà, molte persone potrebbero dedicarsi maggiormente al viaggio e alle esperienze, senza la pressione di un impiego tradizionale.

Con meno vincoli lavorativi e più flessibilità, le persone potranno esplorare il mondo con maggiore libertà.

2. La trasformazione del turismo: dalla vacanza alla "travel experience"

Il turismo non sarà più visto solo come una breve pausa dalla routine, ma come un'esperienza più profonda e significativa. La domanda di viaggi autentici, sostenibili e personalizzati è in crescita.

- **Turismo esperienziale**: Le persone non vogliono essere più semplici turisti, ma partecipare attivamente alla cultura locale. Lezioni di cucina con chef locali, tour in bicicletta tra le campagne e

170

soggiorni in comunità rurali sono solo alcune delle nuove tendenze.

- **Viaggi lenti e sostenibili**: Cresce l'interesse per il "viaggio lento", un turismo meno frenetico e più rispettoso dell'ambiente. I viaggiatori scelgono mezzi di trasporto sostenibili, come il treno, e preferiscono soggiorni più lunghi in un'unica destinazione per immergersi nella cultura locale.

- **Turismo digitale e realtà aumentata**: la tecnologia sta rivoluzionando il turismo. Le guide interattive con realtà aumentata e le esperienze virtuali immersive consentono ai viaggiatori di esplorare luoghi con una prospettiva completamente nuova.

Questa trasformazione rende il viaggio un'esperienza più autentica, coinvolgente e personalizzata.

3. Il boom del turismo culturale e delle esperienze educative

Viaggiare non è solo relax, ma anche un'opportunità di apprendimento. Il turismo culturale è in forte crescita, con un'attenzione particolare alla storia, all'arte e alla gastronomia.

- **Visitare siti storici e archeologici**: musei interattivi, siti archeologici e città d'arte stanno attirando un numero crescente di visitatori desiderosi di scoprire il passato.

- **Festival ed eventi globali:** Dalla Biennale di Venezia ai festival di musica come Coachella e Tomorrowland, le esperienze culturali stanno diventando un forte motore turistico.

- **Turismo gastronomico:** Sempre più persone viaggiano per scoprire le cucine locali, partecipando a degustazioni, corsi di cucina e itinerari enogastronomici.

Il turismo educativo sta diventando una forma di apprendimento continuo, arricchendo la conoscenza e la consapevolezza globale.

4. Il turismo del benessere e della crescita personale

Un altro trend in forte espansione è il turismo legato al benessere fisico e mentale. Le persone cercano viaggi che migliorino la loro qualità della vita.

- **Ritiri di meditazione e yoga:** Destinazioni come Bali, l'India e la Thailandia sono diventate punti di riferimento per chi cerca esperienze di rilassamento e mindfulness.

- **Spa e terme naturali:** Località con sorgenti termali e centri benessere stanno vivendo una nuova popolarità.

- **Viaggi disintossicanti digitali:** Sempre più persone scelgono destinazioni senza connessione internet per disconnettersi dalla tecnologia e riconnettersi con la natura.

Queste esperienze aiutano i viaggiatori a rigenerarsi e a trovare un nuovo equilibrio nella loro vita.

5. Il ruolo della tecnologia nel futuro del turismo

La tecnologia sta rendendo i viaggi più accessibili, sicuri e personalizzati.

- **Intelligenza artificiale e assistenti di viaggio**: Gli algoritmi personalizzano itinerari in base ai gusti del viaggiatore, suggerendo attività e ristoranti su misura.

- **Pagamenti digitali e criptovalute**: I metodi di pagamento stanno diventando sempre più globali e decentralizzati, facilitando le transazioni in tutto il mondo.

- **Traduzione in tempo reale**: Le app di traduzione abbattano le barriere linguistiche, permettendo una comunicazione più fluida con le culture locali.

L'innovazione tecnologica sta rendendo il turismo più accessibile e dinamico che mai.

6. Le sfide del turismo del futuro

Nonostante le opportunità, il turismo in crescita deve affrontare alcune sfide importanti.

- **Sostenibilità ambientale**: Il turismo di massa può danneggiare l'ambiente e le comunità locali. È essenziale promuovere viaggi responsabili e ridurre l'impatto ecologico.

- **Overtourism**: Città come Venezia, Barcellona e Kyoto stanno lottando contro il sovraffollamento turistico. Le strategie come il contingentamento degli ingressi e il turismo decentralizzato sono necessarie per preservare i luoghi più fragili.

- **Equità economica**: Il turismo può portare ricchezza, ma anche disuguaglianze. È fondamentale garantire che i benefici economici raggiungano anche le popolazioni locali.

Affrontare queste sfide sarà cruciale per garantire un turismo sostenibile e inclusivo.

7. Conclusione

Il turismo non sarà più solo una vacanza occasionale, ma un elemento centrale della vita delle persone. Con più tempo libero e nuove tecnologie, viaggiare diventerà un'esperienza più personalizzata, sostenibile e significativa.

Le persone esploreranno il mondo non solo per svago, ma per crescita personale, cultura e benessere. Il futuro vedrà un'umanità più connessa, curiosa e aperta alla scoperta. Il viaggio diventerà una parte essenziale dell'identità umana, arricchendo non solo chi parte, ma anche chi accoglie.

34. Maggiore interesse per la filosofia e la spiritualità – Le persone cercheranno nuovi significati nella vita

Negli ultimi decenni, il progresso tecnologico e la crescente digitalizzazione hanno rivoluzionato il nostro modo di vivere, lavorare e relazionarci con il mondo. Tuttavia, questa accelerazione ha lasciato molte persone con un senso di vuoto esistenziale. L'ossessione per la produttività e il consumismo ha generato un bisogno sempre più diffuso di trovare un senso più profondo alla vita.

Di conseguenza, stiamo assistendo a una rinascita dell'interesse per la filosofia e la spiritualità. Sempre più persone cercano risposte al di là del materialismo, esplorando antiche saggezze e nuovi approcci alla consapevolezza. Questo fenomeno non è solo un ritorno alle tradizioni, ma anche una ricerca di significati nuovi e adattati alla complessità del mondo moderno.

1. La crisi di senso nel mondo moderno

La crescita dell'interesse per la filosofia e la spiritualità nasce da un senso diffuso di disconnessione e insoddisfazione.

- **Alienazione digitale**: L'iperconnessione ha ridotto le interazioni umane autentiche, creando una società in cui si è costantemente distratti e incapaci di vivere nel presente.

- **Crisi della produttività come scopo della vita**: con la crescente automazione e il ridimensionamento del lavoro tradizionale, molte persone chiedono se la loro vita abbia valore al di là del contributo economico che fornisce.

- **Declino delle religioni tradizionali**: Mentre le religioni organizzate stanno perdendo seguaci, cresce il numero di persone che cercano una spiritualità più personale e non dogmatica.

- **Cambiamenti climatici e incertezze globali**: Di fronte a crisi ambientali e sociali, le persone cercano risposte più profonde su come vivere in armonia con il pianeta e con gli altri esseri umani.

Questi fattori stanno portando a una riscoperta della filosofia e della spiritualità come strumenti per comprendere il mondo e il nostro posto in esso.

2. La filosofia come guida per il XXI secolo

Le idee filosofiche, spesso viste come astratte o accademiche, stanno tornando ad essere strumenti pratici per affrontare la vita quotidiana.

- **Stoicismo e resilienza**: La filosofia stoica, con autori come Seneca e Marco Aurelio, sta vivendo una rinascita grazie alla sua capacità di insegnare come affrontare le difficoltà con equilibrio e autodisciplina.

- **Esistenzialismo e libertà personale**: Pensatori come Sartre e Camus offrono spunti su come trovare significato in un mondo che non ne ha uno intrinseco.

- **Filosofia orientale e mindfulness**: Dottrine come il buddhismo e il taoismo stanno influenzando sempre più persone attraverso la meditazione, la mindfulness e la ricerca dell'armonia interiore.

- **Etica e sostenibilità**: In un mondo che affronta sfide morali sempre più complesse, la filosofia offre strumenti per riflettere su temi come il consumo responsabile, il rispetto per gli altri esseri viventi e l'impatto delle nostre azioni sul pianeta.

L'interesse per la filosofia cresce non solo nei circoli accademici, ma anche tra il grande pubblico, grazie a libri, podcast e video divulgativi.

3. Il ritorno della spiritualità non religiosa

Parallelamente alla filosofia, anche la spiritualità sta diventando un interesse centrale per molte persone. Non si tratta necessariamente di un ritorno alle religioni tradizionali, ma di un'esplorazione di nuove forme di connessione con il trascendente.

- **Meditazione e pratiche contemplative**: Sempre più persone praticano meditazione, yoga e altre forme di introspezione per migliorare il benessere mentale e la consapevolezza.

- **Astrologia, esoterismo e pratiche alternative**: Nonostante il loro carattere controverso, disciplina come l'astrologia, i tarocchi e la numerologia stanno conoscendo un revival, soprattutto tra i giovani che cercano risposte alternative.

- **Rituali e cerimonie moderne**: Alcune persone creano rituali personali per segnare momenti significativi della vita, come passaggi di età, cambiamenti di carriera o relazioni.

- **Psichedelici e stati di coscienza alterati**: L'uso di sostanze psichedeliche come l'ayahuasca e la psilocibina, spesso in contesti cerimoniali, sta diventando uno strumento per esplorare la mente e la spiritualità.

Questa ricerca di spiritualità dimostra un desiderio profondo di connessione con qualcosa di più grande di noi stessi.

4. Il ruolo della tecnologia nella diffusione della filosofia e della spiritualità

La tecnologia sta contribuendo alla crescita dell'interesse per la filosofia e la spiritualità in modi inaspettati.

- **Podcast e canali YouTube**: Filosofi contemporanei, psicologi e maestri spirituali stanno utilizzando il digitale per diffondere idee e pratiche.

- **Applicazioni di meditazione e benessere**: App come Headspace e Calm stanno rendendo la meditazione accessibile a milioni di persone.

- **Comunità online e forum filosofici**: Le discussioni filosofiche e spirituali si stanno diffondendo su piattaforme come Reddit, Telegram e Discord, creando spazi di confronto e apprendimento.

- **Realtà virtuale e esperienze immersive**: Alcune esperienze VR consentono agli utenti di vivere simulazioni filosofiche e spirituali, come la meditazione guidata in ambienti virtuali.

L'accesso a questi strumenti sta democratizzando la filosofia e la spiritualità, rendendole più fruibili a chiunque.

5. Filosofia, spiritualità e benessere mentale

Uno degli aspetti più rilevanti di questa crescita d'interesse è il suo impatto sulla salute mentale.

- **Gestione dell'ansia e dello stress**: La filosofia stoica, la meditazione e la mindfulness aiutano a ridurre l'ansia ea sviluppare una maggiore resilienza.

- **Maggiore consapevolezza emotiva**: La spiritualità insegna a riconoscere le emozioni senza esserne sopraffatti, migliorando la qualità della vita.

- **Creazione di una comunità**: La ricerca di significato spesso porta le persone a connettersi con altri che condividono valori simili, riducendo il senso di isolamento.

In un'epoca in cui la salute mentale è una priorità globale, l'interesse per la filosofia e la spiritualità offre strumenti concreti per affrontare le sfide personali e collettive.

6. Il futuro della ricerca di significato

Guardando avanti, possiamo aspettarci un mondo in cui filosofia e spiritualità avranno un ruolo ancora più centrale.

- **Più educazione filosofica nelle scuole**: Sempre più programmi scolastici stanno introducendo la filosofia come materia chiave per sviluppare il pensiero critico.

- **Integrazione della spiritualità nel benessere aziendale**: Le aziende stanno iniziando a promuovere pratiche di mindfulness e riflessione filosofica tra i dipendenti per migliorare il benessere lavorativo.

- **Un approccio sempre più laico e personalizzato** : La spiritualità diventerà sempre più un percorso

181

individuale, in cui ognuno sceglie le pratiche che meglio si adattano alla propria crescita interiore.

Il futuro sarà caratterizzato da una maggiore apertura alla ricerca di significato, con meno dogmi e più strumenti personalizzabili per esplorare il senso della vita.

Conclusione

La crescente attenzione alla filosofia e alla spiritualità non è una moda passeggera, ma un cambiamento profondo nella società. In un mondo sempre più incerto e veloce, le persone cercano risposte più profonde, che vanno oltre il materialismo e la produttività.

Questo interesse in crescita rappresenta un'opportunità straordinaria per ridefinire le nostre priorità e costruire una società più consapevole, riflessiva e connessione con il senso più autentico della vita.

35. Boom dell'artigianato e delle attività manuali – Alcuni potrebbero preferire costruire oggetti senza AI

Negli ultimi decenni, la tecnologia ha rivoluzionato il modo in cui produciamo e consumiamo beni. L'intelligenza artificiale, la produzione di massa e l'automazione hanno reso il processo industriale più efficiente che mai. Tuttavia, in un mondo sempre più dominato dal digitale e dall'iper-industrializzazione, molte persone stanno riscoprendo il valore delle attività manuali e dell'artigianato.

Questa tendenza non è solo una nostalgia per il passato, ma una reazione consapevole alla perdita di autenticità e di connessione con ciò che ci circonda. Il boom dell'artigianato e delle attività manuali riflette un desiderio crescente di tornare alle radici, di creare con le proprie mani e di dare più valore al tempo e all'abilità personale.

1. Il ritorno dell'artigianato in un mondo digitale

L'artigianato, considerato per lungo tempo una pratica di nicchia o legata alle tradizioni locali, sta vivendo una nuova era.

- **Un antidoto alla produzione di massa**: Gli oggetti fatti a mano hanno un'anima, sono unici e imperfetti, in contrasto con la standardizzazione dei prodotti industriali.

- **Un bisogno di connessione con il lavoro fisico**: In un'epoca in cui molte professioni si svolgono davanti a uno schermo, sempre più persone sentono il bisogno di lavorare con le mani.

- **Un rifiuto della tecnologia invasiva**: Alcuni artigiani scelgono consapevolmente di evitare l'uso dell'intelligenza artificiale nei loro processi creativi, per preservare l'autenticità del lavoro manuale.

L'artigianato non è solo una passione, ma un movimento sociale e culturale che valorizza la creatività umana al di sopra dell'efficienza industriale.

2. La riscoperta delle arti tradizionali

Molti mestieri artigianali, un tempo considerato in via d'estinzione, stanno tornando in auge.

- **Falegnameria e lavorazione del legno**: Il piacere di costruire mobili, strumenti musicali o semplici decorazioni con il legno sta riconquistando appassionati.

- **Ceramica e lavorazione della terracotta**: Creare oggetti in ceramica, con tecniche tradizionali, sta diventando sempre più popolare.

- **Tessitura e sartoria**: L'interesse per il cucito, la tessitura e la creazione di abiti personalizzati è in crescita, spesso come alternativa al fast fashion.

- **Legatoria e stampa artigianale**: Il fascino dei libri rilegati a mano e della tipografia tradizionale sta attirando nuovi artisti e appassionati.

Queste arti non sono solo pratiche antiche, ma stanno diventando parte di una nuova cultura dell'autenticità e della qualità.

3. Il boom del fai-da-te (DIY) e della creatività personale

Oltre all'artigianato tradizionale, il movimento DIY (Do It Yourself, "Fallo da te") sta crescendo in tutto il mondo.

- **Creazione di mobili e decorazioni per la casa**: Molti preferiscono costruire da soli i propri arredi invece di acquistare prodotti industriali.

- **Autoproduzione di cosmetici e saponi**: Sempre più persone realizzano saponi naturali, profumi e creme, evitando prodotti commerciali pieni di sostanze chimiche.

- **Birrificazione e panificazione casalinga**: Il ritorno alla produzione domestica di birra, pane e altri alimenti fermentati è segno di una ricerca di autenticità anche nel cibo.

- **Riparazione e upcycling**: Invece di buttare via oggetti rotti, cresce la tendenza a ripararli o trasformarli in qualcosa di nuovo.

Il fai-da-te non è solo una passione, ma un modo per recuperare il controllo sulla propria vita e ridurre la dipendenza dai grandi marchi.

4. Il valore terapeutico delle attività manuali

L'artigianato e il lavoro manuale non sono solo pratiche utili, ma anche strumenti di benessere mentale.

- **Riduzione dello stress**: Lavorare con le mani aiuta a rilassarsi e a ridurre l'ansia.

- **Mindfulness e concentrazione**: Le attività come la pittura, la scultura o il lavoro a maglia favoriscono la concentrazione e la presenza mentale.

- **Senso di realizzazione**: Creare un oggetto con le proprie mani dà un senso di soddisfazione che il lavoro digitale spesso non offre.

Per molti, l'artigianato è una forma di meditazione attiva, un modo per trovare equilibrio e serenità nella vita quotidiana.

5. Il mercato dell'artigianato: una nuova economia

L'artigianato non è solo un hobby, ma sta diventando un vero e proprio settore economico in crescita.

- **Piattaforme di vendita online**: Etsy, Shopify e altre piattaforme consentono agli artigiani di vendere i loro prodotti in tutto il mondo.

- **Mercati locali e fiere artigianali**: gli eventi dedicati ai prodotti fatti a mano stanno attirando sempre più visitatori.

- **Marchi indipendenti e personalizzazione**: Il valore dell'unicità sta spingendo molti consumatori a preferire prodotti artigianali rispetto a quelli industriali.

Questa nuova economia sta creando opportunità per chi vuole trasformare la propria passione in un'attività sostenibile.

6. La sostenibilità dell'artigianato contro l'industria di massa

Un altro motivo per cui il lavoro manuale sta tornando è la crescente consapevolezza ambientale.

- **Materiali naturali e sostenibili**: Gli artigiani spesso utilizzano legno, stoffe biologiche, argilla e altri materiali ecologici.

- **Riduzione degli sprechi**: Il recupero di materiali e la creazione su misura evitano l'eccesso di produzione e il consumo eccessivo.

- **Opposizione alla fast fashion e all'usa e getta**: La moda artigianale e il restauro di oggetti sono una risposta concreta all'inquinamento dell'industria della moda e del design.

L'artigianato rappresenta un'alternativa sostenibile a un modello di consumo basato sull'obsolescenza programmata.

7. La resistenza all'intelligenza artificiale nella creazione artistica

Mentre l'intelligenza artificiale è sempre più utilizzata per la creazione di immagini, musica e design, alcuni artisti e artigiani scelgono di mantenere un approccio puramente manuale.

- **Arte autentica e non generata da algoritmi**: Molti creativi si oppongono all'uso dell'IA nell'arte perché credono che l'imperfezione umana sia parte essenziale della bellezza.

- **Musica e strumenti fatti a mano**: La costruzione artigianale di strumenti musicali è un'arte che resiste alla produzione industriale e all'uso di software per la generazione musicale.

- **Calligrafia e scrittura a mano**: In un'epoca di font digitali e riconoscimento vocale, la scrittura manuale mantiene il suo fascino unico.

Questa scelta non è solo estetica, ma esprime un rifiuto della deumanizzazione della creatività.

8. Conclusione

Il boom dell'artigianato e delle attività manuali non è solo una moda passeggera, ma un fenomeno che riflette un cambiamento profondo nella società. Sempre più persone cercano autenticità, sostenibilità e un rapporto più diretto con il proprio lavoro.

In un futuro in cui la tecnologia sarà sempre più presente, la manualità potrebbe diventare un simbolo di resistenza culturale, un modo per riaffermare l'importanza del tocco umano nella creazione. Il ritorno all'artigianato rappresenta non solo una riscoperta del passato, ma anche una visione alternativa per un futuro più consapevole e creativo.

36. Giochi e simulazioni immersive – La realtà virtuale e aumentata diventeranno un nuovo mondo parallelo

Negli ultimi decenni, la tecnologia ha rivoluzionato il nostro modo di interagire con il mondo digitale. Tra le innovazioni più straordinarie, la realtà virtuale (VR) e la realtà aumentata (AR) stanno ridefinendo i confini dell'intrattenimento, dell'educazione e persino della vita quotidiana. Con la continua evoluzione di hardware e software, si delinea un futuro in cui questi ambienti virtuali potrebbero trasformarsi in un autentico mondo parallelo, capace di integrare esperienze di gioco, lavoro e socializzazione.

1. Realtà virtuale e ampliata: una panoramica

La **realtà virtuale (VR)** crea un ambiente completamente digitale in cui l'utente può immergersi attraverso dispositivi come visori e controller. Questa tecnologia ha trovato applicazione nei videogiochi, nelle simulazioni militari, nell'educazione e nella medicina.

La **realtà aumentata (AR)**, invece, sovrappone elementi digitali al mondo fisico, permettendo un'interazione fluida tra realtà e virtuale. Applicazioni come Pokémon GO, filtri di Instagram e strumenti di assistenza nel settore industriale hanno dimostrato il potenziale della AR.

Con l'introduzione della **realtà mista (MR)**, che combina aspetti di VR e AR, si sta sviluppando un continuum tecnologico in cui il confine tra reale e digitale diventa sempre più sfumato.

2. L'evoluzione dei giochi immersivi

L'industria videoludica è stata una delle prime a sperimentare con la realtà virtuale. Dall'uscita di Oculus Rift e HTC Vive, fino ai dispositivi più avanzati come PlayStation VR2 e Meta Quest, la qualità dell'esperienza immersiva è cresciuta enormemente.

Oggi, giochi come **Half-Life: Alyx, Beat Saber e The Walking Dead: Saints & Sinners** dimostrano che la VR può offrire esperienze uniche, in cui i giocatori non si limitano a osservare il mondo virtuale, ma lo vivono in prima persona.

Le simulazioni immersive stanno inoltre migliorando grazie a tecnologie come il **tracking oculare**, il **feedback tattile** e il **rendering foveato**, che consentono una resa grafica più realistica e una maggiore reattività nell'interazione con l'ambiente virtuale.

3. Dalla realtà virtuale al metaverso: il futuro è un mondo parallelo?

Il concetto di **metaverso**, reso popolare da Neal Stephenson nel romanzo *Snow Crash* e recentemente rilanciato da aziende come Meta e Microsoft, punta alla creazione di uno spazio virtuale persistente in cui le persone possono lavorare, socializzare e giocare.

Piattaforme come **Horizon Worlds, VRChat e Rec Room** sono i primi esperimenti di questa visione. Se oggi si tratta ancora di ambienti di relativamente rudimentali, le evoluzioni tecnologiche potrebbero portarci verso spazi digitali indistinguibili dalla realtà.

3.1. Il ruolo delle criptovalute e della blockchain

Per rendere il metaverso un vero mondo parallelo, servono economie digitali sostenibili. La tecnologia blockchain e le criptovalute potrebbero offrire un'infrastruttura sicura per transazioni virtuali, con asset digitali come gli **NFT** che consentono il possesso di oggetti esclusivi all'interno di questi mondi.

3.2. Il pericolo della fuga dalla realtà

Se il metaverso diventerà una replica virtuale della realtà, esiste il rischio che alcune persone preferiscano questa dimensione digitale rispetto alla vita reale. Il fenomeno degli **hikikomori** giapponesi potrebbe espandersi su scala globale, con individui che scelgono di vivere esclusivamente in ambienti virtuali.

4. Applicazioni oltre il gioco

Oltre ai giochi, VR e AR stanno rivoluzionando molti settori:

4.1. Medicina e terapia

- La VR viene utilizzata per il trattamento di fobie, disturbo d'ansia e riabilitazione fisica.

- Simulazioni mediche permettono ai chirurghi di esercitarsi su modelli virtuali prima di operare pazienti reali.

4.2. Istruzione e formazione

- Esperienze immersive consentono agli studenti di visitare luoghi storici o di sperimentare concetti scientifici in modo interattivo.

- Le aziende usano simulazioni VR per addestrare il personale in ambienti realistici senza rischi.

4.3. Turismo e architettura

- Con la realtà virtuale, è possibile visitare virtualmente musei, città e monumenti.

- Gli architetti possono creare modelli interattivi per mostrare ai clienti progetti futuri in VR.

5. Sfide e limiti tecnologici

Nonostante i progressi, la diffusione della VR e della AR su larga scala affronta alcune sfide:

5.1. Il problema dell'hardware

Visori VR di alta qualità rimangono costosi e ingombranti. Il peso e la scomodità dei dispositivi attuali sono ancora ostacoli per l'adozione di massa.

5.2. Cybersecurity e privacy

Un mondo virtuale parallelo raccoglierà enormi quantità di dati sugli utenti. Il rischio di violazione della privacy e tracciamenti non etici è una problematica centrale.

5.3. Dipendenza e impatto psicologico

La VR offre esperienze coinvolgenti, ma esiste il rischio che alcune persone sviluppino una dipendenza da questi ambienti, trascurando la vita reale.

6. Il futuro: integrazione o sostituzione della realtà?

La domanda chiave è: la realtà virtuale e aumentata sostituiranno la nostra esistenza fisica o la arricchiranno? Alcuni esperti immaginano un futuro in cui VR e AR saranno semplicemente strumenti per migliorare le nostre vite, mentre altri prevedono un mondo in cui la distinzione tra realtà e digitale diventerà irrilevante.

Se la tecnologia continuerà a progredire, è possibile che nei prossimi decenni si sviluppino esperienze sensoriali avanzate, come la **neurotecnologia** e le **interfacce cervello-computer**, che permetteranno agli utenti di interagire con il mondo virtuale solo con il pensiero.

Conclusione

La realtà virtuale e aumentata stanno evolvendo con una velocità impressionante, ridefinendo il nostro modo di giocare, lavorare e comunicare. Se da un lato il potenziale per un **mondo parallelo digitale** è sempre più concreto, dall'altro è necessario affrontare con attenzione le sfide etiche, tecnologiche e sociali che questa trasformazione comporta.

Siamo all'alba di un'epoca in cui il confine tra realtà e virtualità si fa sempre più labile. Resta da vedere se questo nuovo mondo sarà una semplice estensione della nostra esistenza fisica o se finirà per sostituirla completamente.

37. Nuove forme di volontariato e servizio sociale – L'umanità potrebbe orientarsi verso la cooperazione

Introduzione

Il volontariato e il servizio sociale sono sempre stati pilastri fondamentali per il progresso delle comunità umane. Tuttavia, nel XXI secolo, questi concetti stanno evolvendosi rapidamente grazie alle nuove tecnologie, alle emergenze globali e ai cambiamenti culturali. Le tradizionali attività di assistenza sociale si stanno trasformando in forme di cooperazione più innovative, digitali e decentralizzate, rispondendo in modo più efficace alle sfide contemporanee.

In un mondo segnato da crisi ambientali, disuguaglianze sociali e migrazioni di massa, il volontariato non è più soltanto un'attività filantropica ma una necessità per costruire una società più resiliente. La domanda che si pone è: può l'umanità orientarsi verso la cooperazione globale, superando le barriere nazionali e culturali?

1. L'evoluzione del volontariato: dal tradizionale al digitale

Il volontariato ha sempre avuto radici profonde nelle comunità locali, con organizzazioni religiose, enti di beneficenza e associazioni no-profit che offrivano supporto a chi ne aveva bisogno. Oggi, grazie alla digitalizzazione, l'aiuto può arrivare ovunque nel mondo con un semplice clic.

1.1. Il volontariato digitale

Con l'avvento di internet, sono nate nuove forme di volontariato che non richiedono la presenza fisica. Alcuni esempi includono:

- **Microvolontariato**: attività brevi e specifiche, come tradurre documenti per ONG o partecipare a campagne sociali online.

- **Mentorship online**: supporto educativo a distanza per studenti o professionisti in difficoltà.

- **Crowdfunding solidale**: piattaforme come GoFundMe e Kickstarter hanno rivoluzionato la raccolta fondi per cause sociali.

1.2. Il volontariato aziendale

Molte aziende stanno integrando programmi di **Responsabilità Sociale d'Impresa (CSR)**, incoraggiando i dipendenti a dedicare ore di lavoro a progetti benefici. Questo approccio crea un modello in cui il settore privato e il terzo settore collaborano per il bene comune.

1.3. L'attivismo digitale e il volontariato civico

I social media hanno reso il volontariato più accessibile, ma hanno anche favorito la diffusione dell'attivismo **digitale** . Movimenti come **Black Lives Matter, Fridays for Future e Extinction Rebellion** dimostrano come la cooperazione online possa influenzare decisioni politiche e sensibilizzare milioni di persone.

2. Nuove frontiere del servizio sociale

Il servizio sociale sta anch'esso cambiando volto. Le sfide globali richiedono soluzioni più flessibili e innovative.

2.1. Assistenza sociale decentralizzata

In molte nazioni, i servizi pubblici faticano a rispondere ai bisogni crescenti delle popolazioni vulnerabili. Modelli decentralizzati, basati su reti di volontari locali e tecnologia blockchain, potrebbero migliorare l'efficienza dell'assistenza sociale.

Alcuni esempi includono:

- **Distribuzione diretta di tramite fondi criptovalute** a comunità in difficoltà.

- **Applicazioni basate su intelligenza artificiale** per connettere persone bisognose con volontari disponibili.

2.2. Volontariato nelle emergenze globali

Le catastrofi naturali e le crisi umanitarie stanno diventando più frequenti. Per questo motivo, il volontariato nelle emergenze sta assumendo un ruolo centrale.

- **Volontariato ambientale**: con il cambiamento climatico in corso, sempre più persone partecipano ad attività di riforestazione, pulizia delle spiagge e protezione della fauna selvatica.

- **Servizi di soccorso rapido**: organizzazioni come la **Croce Rossa** e **Medici Senza Frontiere** sfruttano droni e tecnologia satellitare per rispondere più rapidamente alle catastrofi.

2.3. L'inclusione sociale attraverso il volontariato

Le nuove forme di volontariato si stanno orientando verso un approccio **più inclusivo e accessibile**, favorendo la partecipazione di persone con disabilità o anziani. Attraverso piattaforme digitali e strumenti assistivi, chiunque può contribuire attivamente.

3. Cooperazione globale: il futuro del volontariato?

3.1. Il ruolo delle organizzazioni internazionali

Organizzazioni come l'ONU, l'UNICEF e la FAO stanno lavorando per creare reti di cooperazione su scala mondiale. Attraverso programmi di volontariato internazionale, si punta a formare comunità più resilienti e interconnesse.

3.2. Il volontariato come strumento di diplomazia

I paesi in conflitto potrebbero ridurre la tensione collaborando su progetti umanitari comuni. I programmi come gli **scambi culturali e i volontariati internazionali** hanno dimostrato di favorire la comprensione reciproca tra popolazioni di culture diverse.

3.3. L'importanza della tecnologia per la cooperazione globale

Le nuove tecnologie consentono di abbattere le barriere geografiche e linguistiche. Piattaforme di traduzione automatica, intelligenza artificiale e reti di volontari online possono facilitare la collaborazione tra persone di tutto il mondo.

4. Sfide e ostacoli da superare

Nonostante il grande potenziale, l'umanità deve affrontare alcune difficoltà per trasformare il volontariato in una vera forza di cooperazione globale.

4.1. Il divario digitale

Non tutti hanno accesso alle tecnologie necessarie per partecipare al volontariato digitale. La disparità di accesso a Internet limita il coinvolgimento di molte persone nei paesi in via di sviluppo.

4.2. Il rischio di sfruttamento

In alcuni casi, le organizzazioni sfruttano il volontariato per ottenere manodopera gratuita. È necessario stabilire regolamentazioni chiare per evitare abusi.

4.3. Il problema della sostenibilità

Molte iniziative di volontariato dipendono da finanziamenti instabili. Trovare modelli di autofinanziamento è essenziale per garantire la continuità.

5. Prospettive future: come l'umanità può orientarsi verso la cooperazione?

Per costruire un mondo basato sulla cooperazione, il volontariato deve evolversi in alcune direzioni chiave:

1. **Educazione al volontariato**: insegnare ai giovani l'importanza della solidarietà fin dalle scuole.

2. **Politiche governative di supporto**: incentivare fiscalmente aziende e cittadini che dedicano tempo al volontariato.

3. **Sviluppo di piattaforme globali**: creare reti internazionali di cooperazione che facilitino il volontariato transnazionale.

4. **Promozione di modelli sostenibili**: integrare il volontariato con l'economia sociale, creando attività che generano valore a lungo termine.

Conclusione

Il volontariato e il servizio sociale stanno vivendo una rivoluzione senza precedenti. Grazie alle nuove tecnologie e una crescente consapevolezza globale, si stanno aprendo possibilità mai viste prima per la cooperazione internazionale. Se l'umanità riuscirà a superare le sfide della disparità di accesso, dello sfruttamento e della sostenibilità, il volontariato potrebbe diventare un elemento chiave per costruire una società più equa e collaborativa.

In un mondo sempre più interconnesso, la vera domanda non è se la cooperazione sia possibile, ma come renderla la norma piuttosto che l'eccezione. L'umanità è a un bivio: scegliere tra l'individualismo o abbracciare un modello di sviluppo basato sulla solidarietà. Le nuove forme di volontariato potrebbero essere il primo passo verso una nuova era di collaborazione globale.

38. Crescita delle comunità sostenibili – L'indipendenza economica potrebbe rendere l'umanità più autosufficiente

Introduzione

Negli ultimi decenni, il concetto di **comunità sostenibili** ha acquisito sempre più rilevanza, diventando un'alternativa concreta ai modelli di sviluppo tradizionali. La crescente consapevolezza riguardo ai cambiamenti climatici, l'insicurezza economica globale e la crisi delle risorse naturali hanno spinto molte persone a cercare nuove forme di organizzazione sociale ed economica.

In questo contesto, l'indipendenza economica gioca un ruolo cruciale: le comunità che riescono a produrre il proprio cibo, energia e beni essenziali possono diventare più autosufficienti, resistendo meglio alle crisi esterne. Ma è davvero possibile costruire un sistema economico basato sull'autosufficienza? Questo saggio esplorerà la crescita delle comunità sostenibili e il loro potenziale nel rendere l'umanità più indipendente dal punto di vista economico ed ecologico.

1. Definizione di comunità sostenibile

Una **comunità sostenibile** è un gruppo di persone che organizza la propria vita secondo principi ecologici, sociali ed economici volti a minimizzare l'impatto ambientale e massimizzare la resilienza economica.

Caratteristiche fondamentali di una comunità sostenibile:

- **Autosufficienza alimentare**: produzione locale di cibo attraverso l'agricoltura biologica e la permacultura.

- **Energia rinnovabile**: utilizzo di fonti pulite come solare, eolico e biomassa.

- **Economia circolare**: riduzione degli sprechi attraverso il riciclo, il riuso e la condivisione delle risorse.

- **Abitazioni ecologiche**: costruzioni a basso impatto ambientale con materiali naturali e riciclati.

- **Governance partecipativa**: decisioni prese collettivamente, spesso attraverso modelli di democrazia diretta.

Queste comunità possono essere urbane o rurali e variare da piccole cooperative agricole a intere città progettate con criteri di sostenibilità.

2. Storia e sviluppo delle comunità sostenibili

Il concetto di comunità autosufficienti non è nuovo. Le civiltà preindustriali basavano la loro sopravvivenza su sistemi di economia locale, e solo con l'avvento della globalizzazione l'indipendenza economica ha iniziato a diminuire.

2.1. Esperimenti storici

- **Kibbutz in Israele**: Modelli di comunità collettiviste nate agli inizi del XX secolo, basati sull'autosufficienza agricola e sul lavoro condiviso.

- **Villaggi Amish negli Stati Uniti**: Comunità che rifiutano molte innovazioni tecnologiche e mantengono uno stile di vita autosufficiente.

- **Comune di Findhorn in Scozia**: Un esperimento moderno di ecovillaggio che combina pratiche di permacultura, energie rinnovabili e spiritualità.

2.2. Il boom degli ecovillaggi

Negli ultimi decenni, il movimento degli **ecovillaggi** si è diffuso in tutto il mondo. Queste comunità sperimentano nuovi modelli di autosufficienza, combinando innovazioni tecnologiche con conoscenze tradizionali.

Esempi di ecovillaggi:

- **Auroville (India)**: Una città sperimentale dedicata alla sostenibilità e alla cooperazione globale.

- **Damanhur (Italia):** Un'eco-comunità autosufficiente con un forte focus sull'energia rinnovabile e sull'arte.

- **Tamera (Portogallo):** Un centro di ricerca per lo sviluppo di comunità resilienti.

3. Autosufficienza economica e modelli alternativi

L'indipendenza economica è uno degli obiettivi principali delle comunità sostenibili. Alcuni modelli alternativi stanno emergendo per ridurre la dipendenza dalle grandi economie globalizzate.

3.1. Economia locale e decrescita

L' **economia locale** mira a ridurre la dipendenza dal commercio internazionale e a creare una rete produttiva interna. Attraverso il sostegno alle piccole imprese e alle produzioni artigianali, una comunità può aumentare la propria resilienza economica.

La **teoria della decrescita** sostiene che ridurre i consumi e la produzione superflua possa migliorare la qualità della vita, senza compromettere il benessere.

3.2. Monete complementari e baratto

Molte comunità sostenibili stanno adottando **monete locali** per favorire lo scambio all'interno della propria economia. Alcuni esempi:

- **Bristol Pound (Regno Unito)**: moneta locale utilizzata per rafforzare l'economia cittadina.

- **Banco Palmas (Brasile)**: un sistema di credito comunitario per sostenere le attività locali.

Il **baratto** e le **banche del tempo** sono altre strategie utilizzate per ridurre la necessità di denaro, permettendo agli individui di scambiare beni e servizi senza un'intermediazione finanziaria tradizionale.

3.3. Cooperazione e co-housing

La condivisione delle risorse è un principio chiave dell'indipendenza economica. Il **co-housing**, ad esempio, permette a più famiglie di condividere spazi comuni, riducendo i costi abitativi e promuovendo la solidarietà.

4. Il ruolo della tecnologia nella sostenibilità

Le nuove tecnologie stanno svolgendo un ruolo essenziale nello sviluppo delle comunità sostenibili.

4.1. Energie rinnovabili e reti intelligenti

L'integrazione di **reti intelligenti (smart grid)** permette alle comunità di gestire in modo efficiente la produzione e il consumo di energia. Pannelli solari, turbine eoliche e sistemi di accumulo dell'energia garantiscono un'autosufficienza energetica sempre maggiore.

4.2. TecnologicaAgricoltura e Idroponica

Nuove tecniche agricole, come l' **idropica**, l' **agricoltura verticale** e la **permacultura digitale**, consentono di produrre più cibo utilizzando meno risorse.

4.3. Blockchain e contratti intelligenti

L'uso della **blockchain** potrebbe garantire una gestione trasparente e decentralizzata delle risorse nelle comunità, eliminando la necessità di intermediari e aumentando la fiducia tra i membri.

5. Sfide e ostacoli da superare

Nonostante i numerosi vantaggi, la creazione di comunità sostenibili non è priva di difficoltà.

5.1. Resistenze culturali e politiche

Molti governi e grandi aziende sostengono con diffidenza l'indipendenza economica delle comunità, in quanto riduce il controllo centralizzato.

5.2. Accesso ai finanziamenti

Avviare una comunità sostenibile richiede investimenti iniziali significativi, e spesso i finanziamenti tradizionali non supportano questi progetti.

5.3. Gestione delle risorse e conflitti interni

Anche all'interno di comunità ben organizzate, possono sorgere disaccordi sulla gestione delle risorse, rendendo efficaci le necessarie strutture di governance.

6. Prospettive future: verso un nuovo modello di società?

L'espansione delle comunità sostenibili potrebbe portare a una trasformazione globale in cui le persone hanno un maggiore controllo sulle proprie vite economiche ed ecologiche.

Possibili sviluppi futuri:

1. **Crescita delle eco-città**: Aumento degli investimenti in città progettate secondo principi di sostenibilità.

2. **Politiche pubbliche a favore dell'indipendenza economica**: incentivi Maggiori per le comunità sostenibili.

3. **Educazione alla sostenibilità**: Introduzione di corsi di autosufficienza nelle scuole.

Conclusione

Le comunità sostenibili offrono una via concreta per ridurre la dipendenza dai sistemi economici globalizzati e costruire un mondo più resiliente. Se l'umanità riuscirà a superare le sfide strutturali e culturali, l'indipendenza economica potrebbe diventare una realtà diffusa, trasformando profondamente il nostro modo di vivere.

39. Coltivazione di talenti unici – Senza la pressione del lavoro, le persone potranno scoprire nuove abilità

Introduzione

Nel mondo moderno, il lavoro occupa gran parte della vita delle persone. Per molti, la necessità di guadagnarsi da vivere soffoca la possibilità di esplorare le proprie passioni e sviluppare talenti unici. Tuttavia, con l'evoluzione della società e l'avvento di nuovi modelli economici, come il reddito di base universale e la riduzione dell'orario lavorativo, sempre più individui potrebbero avere l'opportunità di dedicarsi alla scoperta e alla coltivazione delle proprie abilità.

In questo saggio esploreremo come, in un futuro meno dominato dalla necessità del lavoro forzato, le persone potrebbero fiorire in modi inaspettati, contribuendo alla società in modo più creativo e soddisfacente.

1. Il lavoro e la limitazione del potenziale umano

Per secoli, il lavoro è stato considerato il fulcro dell'identità umana. Tuttavia, molte occupazioni sono ripetitive e lontane dalle aspirazioni individuali. Spesso, il bisogno di guadagnare un reddito impedisce alle persone di sviluppare talenti nascosti.

1.1. La mentalità della sopravvivenza

Molte persone crescono con l'idea che il loro valore dipende dalla loro produttività economica. Questo porta a un'educazione finalizzata unicamente all'occupabilità, piuttosto che alla scoperta di sé.

1.2. Il burnout e la mancanza di tempo

Secondo studi recenti, milioni di persone soffrono di **burnout** a causa di orari lavorativi eccessivi. La fatica mentale e fisica rende difficile investire energie nello sviluppo personale.

1.3. Talenti repressi dalla routine

Molti individui scoprono i propri talenti solo in tarda età, quando hanno finalmente il tempo di dedicarsi a passioni personali. Questo suggerisce che, in condizioni diverse, il mondo potrebbe essere molto più ricco di creatività e innovazione.

2. Un nuovo paradigma: meno lavoro, più talento

L'automazione e il progresso tecnologico stanno riducendo la necessità di forza lavoro umano in molti settori. Questo potrebbe aprire la strada a un nuovo modello sociale in cui il tempo libero è visto come un'opportunità per lo sviluppo personale.

2.1. Il reddito di base universale (RBU)

L'idea di un **reddito garantito** permetterebbe alle persone di esplorare passioni senza il peso della sussistenza. Alcuni esperimenti hanno dimostrato che quando gli individui non devono preoccuparsi delle necessità di base, sono più inclini a sviluppare talenti.

2.2. La settimana lavorativa ridotta

Alcuni paesi stanno sperimentando la **settimana lavorativa di quattro giorni**, permettendo ai lavoratori di avere più tempo libero. Questo modello ha mostrato un aumento della produttività e della creatività.

2.3. Le nuove economie creative

Sempre più persone trovano modi per guadagnarsi da vivere attraverso attività creative, grazie a piattaforme digitali che consentono di monetizzare competenze artistiche e artigianali.

3. La scoperta del talento: un processo naturale

Quando le persone hanno il tempo e lo spazio per esplorare, i talenti emergono naturalmente. Ma come avviene questo processo?

3.1. Il ruolo della curiosità

Senza pressioni economiche, le persone tendono a sperimentare di più. Provano nuove attività senza il timore del fallimento, sviluppando capacità nascoste.

3.2. La necessità di una cultura dell'apprendimento continuo

Un mondo senza la pressione del lavoro richiederebbe un sistema educativo aperto, accessibile per tutta la vita, che incoraggi l'esplorazione di nuove discipline.

3.3. La trasformazione del concetto di successo

Oggi il successo è spesso misurato in termini di reddito. In un futuro più libero, il successo potrebbe essere ridefinito come **realizzazione personale e contributo alla comunità**.

---

4. Tipologie di talenti che potrebbero emergere

Se le persone hanno più tempo, potrebbero assistere a un'esplosione di nuove abilità e competenze.

4.1. Arti e creatività

- Pittura, scultura e fotografia potrebbero essere più diffuse, arricchendo la cultura globale.

- Nuovi generi musicali potrebbero emergere, con artisti non più vincolati dalle logiche di mercato.

- Il cinema e il teatro potrebbero diventare accessibili a più creatori indipendenti.

4.2. Scienza e innovazione

- Più individui potrebbero dedicarsi alla ricerca indipendente, portando scoperte rivoluzionarie.

- L'open-source potrebbe espandersi, con sviluppatori che collaborano per migliorare la tecnologia senza pressioni economiche.

4.3. Artigianato e mestieri manuali

- Le antiche arti dell'artigianato potrebbero tornare in auge, con la creazione di oggetti unici e sostenibili.

- Il design personalizzato potrebbe sostituire la produzione di massa.

4.4. Filosofia e pensiero critico

- Senza l'ossessione per la produttività, più persone potrebbero esplorare questioni filosofiche e morali.

- Potremmo vedere una rinascita di discussioni profonde e una nuova era dell'umanesimo.

5. L'impatto sulla società

Un mondo in cui le persone possono sviluppare talenti senza pressioni economiche cambierebbe radicalmente la società.

5.1. Una nuova economia basata sul talento

Le persone potrebbero contribuire in modo più spontaneo alla società, creando valore in modi che oggi non sono incentivati.

5.2. Maggiore benessere psicologico

Lo stress lavorativo è una delle principali cause di problemi di salute mentale. Un mondo più libero favorirebbe una società più felice e sana.

5.3. Comunità più coese

Con più tempo libero, le persone potrebbero costruire relazioni più solide e collaborare per il bene comune.

6. Sfide e ostacoli

Ovviamente, questo cambiamento non sarebbe privo di difficoltà.

6.1. Resistenze culturali

Molti vedono ancora il lavoro come un valore in sé, e potrebbero opporsi a un sistema in cui il tempo libero è più diffuso.

6.2. La necessità di un nuovo sistema economico

Un mondo con lavoro meno richiederebbe un'economia basata su altri principi, come la **redistribuzione della ricchezza** e la **condivisione delle risorse**.

6.3. Il rischio della stagnazione

Senza stimoli, alcune persone potrebbero non trovare la motivazione per coltivare i propri talenti. Servirebbe una cultura che incoraggi l'esplorazione e l'apprendimento continuo.

7. Verso un futuro di talenti liberi

Se la società riesce a superare questi ostacoli, potrebbe entrare in un'epoca in cui il talento e la creatività diventano il centro della vita umana.

Alcune possibili soluzioni:

- **Riforme educative** che insegnano ai bambini l'importanza della scoperta personale.

- **Sistemi di sostegno economico** che permettono alle persone di sperimentare senza paura.

- **Modelli di cooperazione** in cui i talenti individuali si combinano per il progresso collettivo.

Conclusione

Liberare l'umanità dalla pressione del lavoro potrebbe portare a una rinascita culturale e intellettuale senza precedenti. Se le persone scopriranno e coltivare i propri talenti, il mondo sarebbe più ricco di creatività, innovazione e benessere.

La vera domanda è: siamo pronti ad abbracciare questo cambiamento ea ridisegnare il nostro futuro in base alla crescita personale piuttosto che alla produttività forzata?

40. Sperimentazione di stili di vita alternativi – Le persone potrebbero vivere in modi totalmente diversi da oggi

Introduzione

Il mondo moderno è caratterizzato da un modello di vita abbastanza standardizzato: la maggior parte delle persone lavora per buona parte della giornata, abita in città o periferie, e segue ritmi dettati dal sistema economico attuale. Tuttavia, con l'evoluzione della tecnologia, il cambiamento dei valori sociali e la crescente insoddisfazione per le strutture tradizionali, sempre più persone stanno sperimentando **stili di vita alternativi**.

Dai movimenti di autosufficienza ai nomadi digitali, dalle comunità autosufficienti alle micro-società basate sulla condivisione, il futuro potrebbe riservare infinite possibilità di vita diverse dal modello convenzionale. In questo saggio esploreremo come e perché le persone potrebbero vivere in modi completamente nuovi, rompendo con il passato e abbracciando nuove forme di esistenza.

---

1. La necessità di nuovi modelli di vita

1.1. La crisi del modello tradizionale

Il modello di vita attuale è sempre più sotto pressione a causa di diversi fattori:

- **Stress e burnout**: La routine lavorativa intensa causa livelli elevati di stress e problemi di salute mentale.

- **Crescente costo della vita**: Abitazioni costose, mutui e affitti elevati rendono difficile una vita stabile per molti.

- **Inquinamento e crisi climatica**: La vita urbana contribuisce in modo significativo alle emissioni di CO_2 e alla distruzione dell'ambiente.

- **Isolamento sociale**: La tecnologia ha connesso il mondo, ma ha anche ridotto le interazioni reali, portando ad un aumento della solitudine.

Questi problemi hanno spinto molte persone a chiedersi: **esistono alternative migliori?**

1.2. Il desiderio di libertà e autodeterminazione

Sempre più individui cercano una maggiore indipendenza e una vita più in sintonia con i propri valori. Stili di vita alternativi offrono la possibilità di:

- **Ridurre la dipendenza dal denaro.**

- **Vivere in comunità più coese.**

- **Essere più vicini alla natura.**

- Lavorare meno e avere più tempo libero.

2. Nuovi modelli di vita emergenti

2.1. Nomadismo digitale

Il nomadismo digitale è uno dei fenomeni più in crescita, reso possibile dalla diffusione di internet ad alta velocità e dal lavoro remoto.

- **Cos'è?** Un nomade digitale lavora online mentre viaggia, vivendo in diverse parti del mondo senza una residenza fissa.

- **Dove vivono?** Negli spazi di co-living, camper, o in paesi con un basso costo della vita.

- **Pro e contro**: Libertà assoluta, ma instabilità e mancanza di radici.

Paesi come il Portogallo, la Thailandia e il Messico hanno iniziato a incentivare questo stile di vita con **visti per nomadi digitali**.

2.2. Comunità autosufficienti ed ecovillaggi

Sempre più persone scelgono di vivere in comunità autosufficienti, dove si producono il cibo e l'energia necessaria per il sostentamento.

- **Principi fondamentali**: Agricoltura biologica, energia rinnovabile, economia basata sul baratto.

- **Esempi**:

  o **Findhorn (Scozia)**: Un ecovillaggio noto per la permacultura e le energie rinnovabili.

  o **Auroville (India)**: Una città sperimentale senza denaro né gerarchie sociali.

  o **Damanhur (Italia)**: Un esperimento comunitario con una propria moneta e sistema di governo.

Queste comunità offrono un'alternativa alla vita urbana, riducendo l'impatto ambientale e promuovendo una maggiore collaborazione tra individui.

2.3. Vita in camper e tiny houses

Molte persone scelgono di abbandonare la casa tradizionale per vivere in spazi più piccoli e mobili.

- **Camper e vanlife**: Persone che trasformano furgoni e autobus in abitazioni mobili, vivendo sulla strada.

- **Tiny house**: Piccole case autosufficienti, spesso costruite su ruote, che riducono i costi abitativi e l'impatto ambientale.

Questi modelli offrono **libertà e indipendenza**, ma richiedono anche un **adattamento a spazi ridotti**.

2.4. Comunità basata sulla condivisione

Alcuni esempi sociali stanno dimostrando che vivere in comunità con risorse condivise può migliorare la qualità della vita.

- **Co-housing**: Gruppi di persone che condividono spazi abitativi e risorse per ridurre i costi.

- **Economia collaborativa**: Sistemi di scambio di beni e servizi senza l'uso del denaro (es. banche del tempo).

- **Esempi reali**:

    o **ZEGG (Germania)**: Comunità basata sulla condivisione e sull'ecologia.

    o **Cristiania (Danimarca)**: Un quartiere autogestito con una propria economia alternativa.

2.5. Stili di vita minimalisti e ascetici

Molte persone stanno scegliendo di ridurre al minimo il possesso di beni materiali per concentrarsi sulle loro esperienze e benessere interiore.

223

- **Minimalismo radicale**: ridurre gli oggetti posseduti a meno di 100 elementi.

- **Vita monastica moderna**: Persone che scelgono di vivere con poco, spesso in comunità spirituali o da sole nella natura.

Queste scelte riflettono un desiderio crescente di **liberarsi dal consumismo e dallo stress della vita moderna.**

---

3. Il ruolo della tecnologia nella sperimentazione di nuovi stili di vita

3.1. Automazione e reddito di base universale

L'avanzamento dell'intelligenza artificiale e della robotica potrebbe ridurre la necessità di lavorare. Alcuni paesi stanno sperimentando il **reddito di base universale (RBU)** per permettere alle persone di dedicarsi a passioni e nuovi modi di vivere.

3.2. Blockchain ed economie decentralizzate

Le criptovalute e la blockchain stanno aprendo nuove possibilità di economia indipendente, eliminando la necessità delle banche e dei governi nel controllo finanziario.

3.3. Realtà virtuale e vita digitale

Con l'avanzare del **metaverso**, alcune persone potrebbero vivere vite alternative interamente nel digitale, lavorando e socializzando senza uscire di casa.

4. Sfide e ostacoli alla trasformazione

Nonostante i vantaggi, cambiare stile di vita non è semplice.

- **Resistenze sociali e culturali**: Le persone abituate a modelli tradizionali possono giudicare negativamente chi sceglie strade alternative.

- **Regolamentazioni governative**: Molti governi non supportano comunità autonome o stili di vita non convenzionali.

- **Difficoltà pratiche**: Vivere fuori dal sistema richiede competenze specifiche, come l'autosufficienza alimentare o la gestione di risorse limitate.

5. Il futuro della sperimentazione di stili di vita

Le persone continueranno a cercare alternative alla vita convenzionale, e in futuro parteciperanno a una maggiore diffusione di comunità autosufficienti, economie decentralizzate e stili di vita basati sulla condivisione.

Possibili sviluppi futuri:

- Città interamente sostenibili.

- Ecosistemi basati sul baratto e sulle monete locali.

- Società meno dipendenti dal lavoro e più concentrati sul benessere personale.

Conclusione

L'essere umano è sempre stato in cerca di modi migliori per vivere. Con i progressi tecnologici e un cambiamento di mentalità, nei prossimi anni potremmo vedere un mondo in cui le persone **vivono in modi totalmente diversi rispetto a oggi**, scegliendo stili di vita più liberi, sostenibili e in armonia con i propri desideri.

Se l'umanità è davvero pronta per questa trasformazione, il futuro sarà un mosaico di possibilità mai viste prima.

TECNOLOGIA E FUTURO

41. Aumento dell'interazione con IA personali – Avremo assistenti digitali sempre più avanzati

Introduzione

Negli ultimi anni, l'intelligenza artificiale (IA) ha rivoluzionato molti aspetti della nostra vita quotidiana. Gli assistenti digitali come Siri, Alexa e Google Assistant hanno già cambiato il nostro modo di interagire con la tecnologia, ma siamo solo all'inizio. Con il progresso esponenziale dell'IA, gli assistenti personali diventeranno sempre più avanzati, personalizzati e capaci di comprendere e prevedere le nostre esigenze in modo quasi umano.

L'aumento dell'interazione con le **IA personali** non riguarda solo la comodità, ma anche la trasformazione radicale del nostro rapporto con la tecnologia. In questo saggio esploreremo le evoluzioni in corso, le implicazioni sociali ed economiche e il futuro degli assistenti digitali nella nostra vita quotidiana.

---

1. La nascita e l'evoluzione degli assistenti digitali

Gli assistenti digitali esistono da diversi decenni, ma solo di recente hanno raggiunto livelli di interazione avanzati.

1.1. I primi assistenti digitali

Le prime forme di assistenza digitale risalgono agli anni '60 con il programma **ELIZA**, un chatbot rudimentale in grado di simulare una conversazione umana. Successivamente, con lo sviluppo dell'intelligenza artificiale, sono nati i primi assistenti vocali:

- **Siri (2011)** – Il primo assistente virtuale su smartphone, sviluppato da Apple.

- **Google Assistant (2016)** – Un assistente più avanzato con capacità di apprendimento progressivo.

- **Alexa (2014)** – Lanciato da Amazon, si è diffuso rapidamente grazie alla domotica.

1.2. L'integrazione con l'intelligenza artificiale avanzata

Con i progressi nell'apprendimento **automatico (machine learning)** e nell'elaborazione **del linguaggio naturale (NLP)** , gli assistenti digitali sono diventati più intelligenti, capaci di apprendere dalle nostre interazioni e personalizzare le risposte.

Gli assistenti IA ora coinvolgono **contesto, tono emotivo e preferenza personale**, migliorando continuamente le loro risposte e suggerimenti.

2. Come stanno cambiando gli assistenti digitali?

Gli assistenti personali non si limitano più a rispondere a domande o a impostare promemoria. Stanno diventando strumenti indispensabili per gestire la nostra vita quotidiana.

2.1. Maggiore personalizzazione

Le nuove IA possono **adattarsi ai nostri gusti e comportamenti**, fornendo suggerimenti su misura. Alcuni esempi:

- Consigli su film e libri basati sui nostri interessi.
- Pianificazione della giornata in base alla routine personale.
- Gestione automatica delle email e delle comunicazioni.

2.2. Interazione più naturale

L' **elaborazione del linguaggio naturale** ha reso le IA capaci di comprendere conversazioni più complesse. Ora gli assistenti digitali possono:

- **Sostenere dialoghi prolungati** senza perdere il contesto.
- **Riconoscere le emozioni** nella voce e adattare il tono delle risposte.
- **Simulare empatia**, migliorando l'esperienza utente.

2.3. Maggiore integrazione con la vita quotidiana

Gli assistenti IA si stanno integrando sempre di più in dispositivi smart:

- Controllano **luci, elettrodomestici e sicurezza domestica.**

- Monitorano **la salute e il fitness** tramite smartwatch.

- Automatizza **i compiti lavorativi**, come la scrittura di report e la gestione degli appuntamenti.

3. Il futuro degli assistenti IA: cosa possiamo aspettarci?

L'interazione con gli assistenti digitali aumenterà nei prossimi anni, grazie a tecnologie emergenti che li renderanno sempre più autonomi e avanzati.

3.1. IA con capacità predittiva

Gli assistenti digitali del futuro potranno **anticipare i nostri bisogni** prima ancora che li esprimiamo.

- Se l'IA nota che ordiniamo spesso cibo d'asporto, potrebbe suggerire di prenotare il nostro piatto preferito in anticipo.

- Potrebbe **riprogrammare automaticamente gli impegni** in base alle priorità che cambiano.

- Riconoscendo **segnali di stress o affaticamento**, potrebbe suggerire una pausa o attività rilassanti.

3.2. Assistenti digitali con avatar realistici

Le IA personali potrebbero avere **un volto e una voce personalizzata**, migliorando l'esperienza utente.

- **Ologrammi interattivi** per simulare una presenza fisica.

- **Voci più espressive e realistiche** per interazioni più naturali.

- **Personalità unica**, diversa per ogni utente.

3.3. Assistenti IA per il lavoro e la produttività

Gli assistenti digitali diventeranno strumenti essenziali per il lavoro:

- **IA segretarie virtuali** per gestire agenda e comunicazioni.

- **IA scrittori e analisti** per generare contenuti e analizzare dati.

- **Automazione completa di processi aziendali**, migliorando l'efficienza.

3.4. IA come compagni emotivi

Alcuni esperimenti stanno dimostrando che le IA possono essere utilizzate come **supporto emotivo**, specialmente per persone sole o con difficoltà sociali.

- **Chatbot terapeutici** per supporto psicologico.

- **Assistenti empatici** capaci di ascoltare e offrire consigli.

- **Interazione sociale simulata** per migliorare il benessere mentale.

---

4. Rischi e sfide dell'aumento dell'interazione con le IA personali

Nonostante i benefici, l'uso sempre più diffuso degli assistenti IA solleva questioni importanti.

4.1. Problemi di privacy e sicurezza

Gli assistenti digitali raccolgono enormi quantità di dati personali. Alcuni problemi includono:

- **Violazioni della privacy** se i dati vengono utilizzati impropriamente.

- **Sorveglianza eccessiva**, con il rischio di controllo da parte di governi o aziende.

- **Attacchi hacker**, che potrebbero compromettere informazioni sensibili.

4.2. Dipendenza dall'IA

Se le persone si affidano troppo agli assistenti digitali, potrebbero:

- Perdere capacità di **pensiero critico e problem solving**.

- Diventare meno indipendenti nelle decisioni quotidiane.

- Ridurre le interazioni sociali reali.

4.3. Impatto sull'occupazione

L'automazione potrebbe **sostituire molti lavori umani**, creando disoccupazione in alcuni settori. Tuttavia, potrebbe anche aprire nuove opportunità lavorative, come lo sviluppo e la gestione delle IA.

5. Verso una nuova era dell'interazione uomo-macchina

L'aumento degli assistenti cambierà il modo in cui interagiamo con la tecnologia, il lavoro e persino con le nostre emozioni. Alcuni possibili scenari futuri includono:

- **Una società più automatizzata**, dove le IA gestiscono gran parte delle attività quotidiane.

- **Una maggiore personalizzazione dei servizi**, migliorando il comfort e l'efficienza.

- **Un nuovo equilibrio tra uomo e macchina**, dove gli assistenti digitali ci aiutano a vivere meglio senza sostituire completamente il contatto umano.

La chiave sarà trovare un modo per **integrare l'IA nella nostra vita senza perdere la nostra autonomia e umanità**.

Conclusione

Gli assistenti digitali stanno diventando sempre più avanzati e presenti nella nostra vita quotidiana. Con il progresso dell'IA, interagiranno con noi in modi sempre più complessi, personalizzati ed efficienti. Tuttavia, sarà fondamentale affrontare le sfide legate alla privacy, alla dipendenza e all'etica dell'uso dell'IA.

Se ben gestita, questa evoluzione potrebbe migliorare in modo significativo la qualità della vita, rendendo il futuro un luogo in cui la tecnologia lavora per noi, e non il contrario.

Il futuro degli assistenti digitali è già iniziato. La vera domanda è: **quanto saremo pronti ad accoglierlo?**

42. Fine della burocrazia – Tutto sarà automatizzato e senza ritardi

Introduzione

La burocrazia è da sempre considerata un ostacolo all'efficienza e alla rapidità dei servizi pubblici e privati. File interminabili, documenti cartacei, permessi, autorizzazioni e regolamenti complessi rallentano il funzionamento della società e ostacolano l'innovazione. Tuttavia, con l'avvento dell'intelligenza artificiale, della blockchain e della digitalizzazione totale, si prospetta un futuro in cui la burocrazia potrebbe essere eliminata o ridotta al minimo.

Un mondo senza burocrazia significherebbe **processi più veloci, zero ritardi, trasparenza assoluta e minore corruzione**. Le tecnologie emergenti stanno già dimostrando come sia possibile sostituire gli attuali sistemi inefficienti con soluzioni automatizzate e intelligenti. Questo saggio esplorerà il futuro della digitalizzazione totale e l'impatto che avrà sulla società.

---

1. Cos'è la burocrazia e perché è un problema

La burocrazia è il sistema di amministrazione basato su regole e procedure formali che governano le istituzioni pubbliche e private. Sebbene sia nata per garantire ordine e uniformità, nel tempo è diventata sinonimo di inefficienza, complessità e spreco di tempo.

1.1. Problemi principali della burocrazia tradizionale

- **Lentezza nei processi**: L'approvazione di documenti e pratiche spesso richiede settimane o mesi.

- **Eccessiva complessità**: Moduli, regolamenti e procedure sono spesso confusi e difficili da comprendere.

- **Corruzione e favoritismi**: La necessità di interazioni umane nei processi burocratici apre la porta a pratiche illecite.

- **Costi elevati**: Il mantenimento di uffici, personale e documentazione cartacea ha un impatto economico significativo.

1.2. Burocrazia e digitalizzazione

Molti governi e aziende stanno cercando di digitalizzare i processi burocratici, ma le resistenze al cambiamento e la lentezza dell'adozione tecnologica rendono la trasformazione ancora incompleta. Tuttavia, con le nuove tecnologie, è possibile immaginare un futuro in cui **ogni operazione burocratica sarà automatizzata, istantanea e priva di errori umani.**

2. Il ruolo dell'intelligenza artificiale nella fine della burocrazia

L'intelligenza artificiale (IA) è una delle tecnologie chiave per eliminare la burocrazia. I sistemi di IA possono gestire documenti, elaborare richieste, verificare dati e prendere decisioni in modo molto più veloce ed efficiente rispetto agli esseri umani.

2.1. Automazione dei processi amministrativi

- **Elaborazione automatizzata di documenti**: I sistemi di IA possono compilare, leggere e verificare automaticamente moduli e certificati.

- **Analisi e approvazione istantanea**: Algoritmi avanzati possono esaminare richieste di permessi, prestiti o licenze in pochi secondi.

- **Assistenza virtuale**: Chatbot e assistenti vocali intelligenti possono rispondere a domande e guidare gli utenti attraverso le procedure.

2.2. Decisioni basate sui dati

Gli algoritmi di intelligenza artificiale possono analizzare grandi quantità di dati per prendere decisioni imparziali e basate su criteri oggettivi, eliminando favoritismi e corruzione.

3. La blockchain: trasparenza e sicurezza totale

La tecnologia **blockchain** potrebbe rivoluzionare completamente la gestione della burocrazia. Grazie alla sua natura decentralizzata e immutabile, garantisce **trasparenza, sicurezza e velocità nei processi amministrativi.**

3.1. Documenti e certificati digitali su blockchain

* Passaporti, carte d'identità, brevetti di guida e diplomi potrebbero essere registrati su blockchain, eliminando la necessità di copie cartacee e verifiche manuali.

* I contratti intelligenti (**smart contract**) potrebbero automatizzare la registrazione di proprietà, pagamenti di tasse e autorizzazioni legali.

3.2. Eliminazione della corruzione

Essendo una tecnologia trasparente, la blockchain impedisce la manipolazione dei dati e garantisce che ogni operazione sia tracciabile. Ciò ridurrà in modo significativo la corruzione nei settori pubblici.

4. Digitalizzazione totale dei servizi pubblici

Immaginiamo un mondo in cui ogni servizio pubblico sia completamente digitale e automatizzato.

4.1. Sanità digitale

- Cartelle cliniche digitalizzate e accessibili ovunque.

- Prenotazioni e rimborsi sanitari automatici senza moduli cartacei.

- IA che analizzano i sintomi e suggeriscono trattamenti in tempo reale.

4.2. Giustizia e contratti digitali

- Tribunali digitali con IA che risolvono le controversie minori in pochi minuti.

- Notarizzazione di documenti su blockchain senza bisogno di andare da un notaio fisico.

4.3. Pagamenti e tasse senza burocrazia

- Dichiarazione dei redditi automatica basata su dati in tempo reale.

- Tasse e molteplici pagate istantaneamente senza bisogno di compilare moduli.

---

5. Quali saranno i benefici di un mondo senza burocrazia?

L'eliminazione della burocrazia avrà un impatto positivo su molteplici aspetti della vita quotidiana.

5.1. Velocità e semplicità

- Pratiche e documenti saranno elaborati in **tempo reale**.

- **Zero code e zero attese** negli uffici pubblici.

5.2 Maggiore accessibilità

- Anche le persone con meno competenze digitali potranno interagire con le istituzioni grazie ad assistenti virtuali intuitivi.

- **Inclusione digitale** per categorie svantaggiate.

5.3. Riduzione dei costi

- **Meno dipendenti pubblici** impiegati in compiti amministrativi ripetitivi.

- **Eliminazione della carta** e degli archivi fisici.

5.4. Trasparenza totale

- **Nessuna corruzione** grazie ai registri digitali immutabili.

- **Minore evasione fiscale** grazie ai sistemi di controllo automatizzati.

---

6. Rischi e sfide della digitalizzazione totale

Nonostante i vantaggi, la fine della burocrazia presenta anche alcune sfide da affrontare.

6.1. Sicurezza informatica

- Con la digitalizzazione totale, i sistemi devono essere protetti dagli **attacchi hacker**.
- È necessario garantire la **protezione dei dati personali** per evitare abusi.

6.2. Resistenze al cambiamento

- Molti governi e istituzioni potrebbero opporsi alla digitalizzazione per paura di perdere potere.
- Alcune persone potrebbero avere difficoltà ad adattarsi alla nuova tecnologia.

6.3. Disoccupazione nel settore pubblico

- Molti lavoratori amministrativi potrebbero perdere il lavoro con l'automazione dei processi.
- Sarà necessario **riqualificare il personale** per nuove mansioni.

7. Conclusione

La fine della burocrazia non è un'utopia, ma una prospettiva concreta grazie ai progressi dell'intelligenza artificiale, della blockchain e della digitalizzazione totale. Un mondo in cui ogni processo è **automatico, veloce e trasparente** potrebbe diventare realtà nei prossimi decenni.

Tuttavia, per arrivare a questo punto, sarà necessario superare sfide tecnologiche, politiche e culturali. La digitalizzazione totale richiederà **investimenti, formazione e un cambio di mentalità globale.**

Se riusciremo a trasformare la burocrazia in un sistema completamente automatizzato, l'intera società ne trarrà beneficio. Un futuro senza file, moduli e ritardi potrebbe essere più vicino di quanto considerare.

43. Espansione della realtà virtuale come seconda vita – Potremmo passare più tempo nel mondo digitale che in quello fisico

Introduzione

L'espansione della realtà virtuale (VR) sta cambiando il nostro modo di vivere, lavorare e socializzare. Con l'avanzamento delle tecnologie immersive, il confine tra mondo digitale e fisico si sta assottigliando. La domanda che emerge è se, in futuro, potremmo passare più tempo nel mondo virtuale che in quello reale. Questo scenario ha implicazioni profonde su economia, psicologia, etica e società.

1. L'Ascesa della Realtà Virtuale

1.1 Evoluzione della Tecnologia VR

Negli ultimi decenni, la VR ha fatto passi da gigante. Dai primi esperimenti negli anni '60 fino ai moderni visori come Oculus Quest e HTC Vive, la tecnologia è diventata sempre più accessibile e coinvolgente. Sensori aptici, tracciamento oculare e IA stanno rendendo l'esperienza sempre più realistica.

1.2 Il Metaverso: Un Nuovo Mondo Digitale

Il concetto di metaverso, promosso da aziende come Meta e Microsoft, rappresenta un universo parallelo in cui le persone possono lavorare, interagire e vivere esperienze immersive. Qui gli utenti possono possedere terreni digitali, creare imprese e persino formare relazioni.

2. Impatti Economici e Sociali

2.1 Lavoro e Produttività nel Mondo Virtuale

Sempre più aziende stanno adottando la VR per il lavoro remoto. Riunioni, conferenze e ambienti collaborativi virtuali stanno diventando comuni, eliminando la necessità di uffici fisici.

2.2 Economia Digitale: NFT, Criptovalute e Immobili Virtuali

Le criptovalute e la blockchain permettono la compravendita di beni virtuali, dagli NFT agli immobili digitali. Decentraland e The Sandbox sono esempi di mondi virtuali dove gli utenti possono acquistare e vendere proprietà digitali.

3. Impatto Psicologico e Sociale

3.1 La Realtà Virtuale Può Sostituire il Mondo Fisico?

Alcuni utenti trovano la VR più appagante della realtà fisica. Questo fenomeno potrebbe portare a una dipendenza dal mondo virtuale e alla riduzione delle interazioni nel mondo reale.

3.2 Relazioni e Identità Digitale

Le persone possono creare avatar e vivere esperienze sociali in VR. Tuttavia, il rischio è che si sviluppino personalità alternative che possono portare a dissociazione dalla realtà.

4. Implicazioni Etiche e Filosofiche

4.1 Chi Controlla il Mondo Virtuale?

Se il metaverso diventa il nuovo spazio sociale, chi lo governa? Aziende private come Meta potrebbero avere troppo potere sulle vite digitali degli utenti.

4.2 Il Rischio della Fuga dalla Realtà

Vivendo sempre più nella VR, potremmo perdere il contatto con il mondo fisico, con ripercussioni sulla salute mentale e sul tessuto sociale.

5. Il Futuro della Realtà Virtuale

5.1 Realtà Virtuale e Realtà Aumentata: Una Fusione Inevitabile?

La realtà aumentata (AR) potrebbe integrare la VR nella vita quotidiana, creando un continuum tra mondo digitale e reale.

5.2 Verso una Nuova Esistenza?

Se il metaverso diventerà predominante, la realtà fisica potrebbe passare in secondo piano. La sfida sarà bilanciare queste due dimensioni per evitare alienazione e disconnessione sociale.

Conclusione

L'espansione della realtà virtuale potrebbe portare a un futuro in cui il mondo digitale diventa la nostra nuova realtà principale. Tuttavia, le implicazioni psicologiche, sociali ed etiche devono essere attentamente valutate per evitare un'eccessiva dipendenza e perdita del contatto con la realtà fisica.

44. Colonizzazione dello spazio – Senza il vincolo del lavoro, potresti esplorare nuove frontiere

Introduzione

L'idea della colonizzazione dello spazio ha affascinato l'umanità per secoli. Con i recenti progressi tecnologici e l'automazione sempre più avanzata, si prospetta un futuro in cui il lavoro umano potrebbe non essere più un vincolo per l'esplorazione spaziale. In questo scenario, l'umanità potrebbe dedicarsi interamente all'espansione verso nuove frontiere senza le limitazioni economiche e sociali imposte dalla necessità di lavorare per sopravvivere.

1. L'Ascesa della Colonizzazione Spaziale

1.1 Dai Primi Viaggi allo Sbarco su Marte

Negli ultimi decenni, le agenzie spaziali come NASA, ESA e aziende private come SpaceX hanno compiuto passi significativi verso l'obiettivo di stabilire insediamenti umani su altri pianeti. Marte, con il suo ambiente relativamente ospitale rispetto ad altri corpi celesti, è il principale candidato per una futura colonizzazione.

1.2 La Luna Come Avamposto

Prima di spingerci verso Marte e oltre, la Luna potrebbe fungere da base di partenza per l'esplorazione dello spazio profondo. L'estrazione di risorse lunari e la costruzione di habitat sostenibili potrebbero facilitare missioni a lungo termine.

2. Il Ruolo della Tecnologia e dell'Automazione

2.1 L'Intelligenza Artificiale e il Lavoro Robotico

L'automazione potrebbe eliminare la necessità del lavoro umano per attività ripetitive e pericolose. Robot autonomi potrebbero costruire habitat, estrarre risorse e gestire i sistemi di supporto vitale.

2.2 Energia e Sostenibilità

L'uso dell'energia solare, la fusione nucleare e nuove tecnologie di riciclo delle risorse sarebbero essenziali per rendere autosufficienti le colonie spaziali.

3. L'Umanità Senza il Vincolo del Lavoro

3.1 Un Modello Economico Basato sulla Ricerca e sull'Esplorazione

Se l'automazione rendesse superfluo il lavoro umano, la società potrebbe concentrarsi su innovazione, creatività e scoperta scientifica. Questo permetterebbe una rapida espansione nello spazio.

3.2 Vita e Società nelle Colonie Spaziali

Le comunità umane nello spazio potrebbero organizzarsi attorno a nuovi modelli sociali, dove la sopravvivenza e il benessere collettivo sostituiscono il concetto di lavoro tradizionale.

---

4. Le Sfide della Colonizzazione Spaziale

4.1 Problemi Fisici e Psicologici

L'esposizione alle radiazioni cosmiche, la microgravità e l'isolamento potrebbero creare sfide significative per la salute umana. Soluzioni innovative, come habitat schermati e tecnologie mediche avanzate, saranno necessarie.

4.2 Governance e Etica

Chi controllerà le colonie spaziali? Saranno gestite da governi terrestri, da aziende private o da nuovi organismi indipendenti? La legislazione spaziale dovrà affrontare questioni di proprietà, diritti umani e sfruttamento delle risorse.

---

5. Il Futuro dell'Esplorazione Spaziale

5.1 Oltre Marte: Colonizzazione del Sistema Solare

Dopo Marte, l'attenzione potrebbe spostarsi su lune di Giove e Saturno, come Europa e Titano, che potrebbero ospitare forme di vita o essere adatte alla colonizzazione umana.

5.2 Il Viaggio Interstellare

Se riusciremo a sviluppare tecnologie avanzate di propulsione, come il motore a curvatura o la fusione nucleare, l'umanità potrebbe puntare verso sistemi stellari vicini come Proxima Centauri.

Conclusione

Senza il vincolo del lavoro, l'umanità potrebbe finalmente concentrarsi sull'esplorazione e sulla colonizzazione dello spazio. Tuttavia, restano molte sfide tecnologiche, etiche e politiche da affrontare prima che questa visione diventi realtà. Il futuro dell'umanità potrebbe essere tra le stelle, ma serviranno cooperazione e innovazione per renderlo possibile.

45. Crescita delle città smart – Automazione totale della gestione urbana

Introduzione

Le città del futuro saranno intelligenti, sostenibili ed efficienti grazie all'automazione totale della gestione urbana. Le tecnologie emergenti, come l'intelligenza artificiale, l'Internet of Things (IoT) e la robotica, stanno trasformando le infrastrutture urbane per ottimizzare il consumo energetico, la mobilità, la sicurezza e i servizi pubblici. Questo documento esplora il ruolo della tecnologia nella crescita delle città smart e le implicazioni dell'automazione totale sulla vita quotidiana.

---

1. Il Concetto di Città Smart

1.1 Definizione di Città Smart

Una città smart utilizza tecnologie digitali per migliorare l'efficienza dei servizi, ridurre il consumo di risorse e migliorare la qualità della vita dei cittadini. L'automazione totale implica la gestione intelligente delle infrastrutture urbane senza intervento umano.

1.2 Principali Componenti

- **Mobilità intelligente**: Veicoli autonomi, trasporti pubblici automatizzati, gestione del traffico in tempo reale.

- **Energia e sostenibilità**: Smart grid, energia rinnovabile, edifici a consumo zero.

- **Servizi pubblici automatizzati**: Raccolta rifiuti, illuminazione stradale, manutenzione predittiva delle infrastrutture.

- **Sicurezza e sorveglianza**: Videosorveglianza con AI, gestione delle emergenze, droni di monitoraggio.

2. Automazione della Mobilità Urbana

2.1 Trasporti Autonomi

L'adozione di veicoli autonomi e trasporti pubblici automatizzati ridurrà il traffico e l'inquinamento, migliorando l'efficienza degli spostamenti.

2.2 Gestione Intelligente del Traffico

I semafori intelligenti e i sensori stradali analizzeranno il flusso del traffico in tempo reale, adattando la viabilità per minimizzare la congestione.

2.3 Mobilità Condivisa e On-Demand

I servizi di ride-sharing autonomi e i mezzi pubblici flessibili miglioreranno l'accessibilità ai trasporti urbani.

3. Efficienza Energetica e Sostenibilità

3.1 Smart Grid e Fonti Rinnovabili

Le reti elettriche intelligenti integreranno energia solare, eolica e geotermica, ottimizzando il consumo energetico cittadino.

3.2 Edifici Intelligenti

Gli edifici smart utilizzeranno IoT e AI per regolare riscaldamento, illuminazione e consumo di acqua in base alle necessità degli abitanti.

3.3 Gestione dei Rifiuti Automatizzata

Sensori nei cassonetti e veicoli di raccolta autonomi ottimizzeranno la gestione dei rifiuti, riducendo i costi e l'impatto ambientale.

4. Sicurezza e Automazione delle Emergenze

4.1 Sorveglianza con Intelligenza Artificiale

Telecamere e droni analizzeranno il comportamento urbano per prevenire crimini e rispondere rapidamente alle emergenze.

4.2 Gestione delle Catastrofi

Sistemi di monitoraggio climatico e IA anticiperanno eventi disastrosi, coordinando le risposte di evacuazione e soccorso.

4.3 Salute Pubblica e Monitoraggio Sanitario

Dispositivi connessi analizzeranno dati epidemiologici in tempo reale, facilitando interventi sanitari rapidi ed efficienti.

5. Impatti Economici e Sociali

5.1 Nuove Opportunità di Lavoro

L'automazione sposterà la domanda di lavoro verso settori tecnologici e creativi, riducendo le mansioni ripetitive e manuali.

5.2 Inclusione Digitale

Per evitare la marginalizzazione di alcune fasce della popolazione, saranno necessari programmi di educazione digitale e accesso universale alla tecnologia.

5.3 Privacy e Sicurezza dei Dati

La raccolta massiva di dati solleva questioni etiche e di sicurezza informatica che dovranno essere affrontate con regolamenti adeguati.

Conclusione

Le città smart rappresentano il futuro dell'urbanizzazione, con l'automazione totale che promette efficienza, sostenibilità e una migliore qualità della vita. Tuttavia, la transizione richiederà un'attenta gestione delle sfide tecnologiche, sociali ed etiche per garantire un futuro equo e accessibile a tutti.

46. Nuove forme di democrazia con IA – L'intelligenza artificiale potrebbe aiutare nelle decisioni politiche

Introduzione

L'intelligenza artificiale (IA) sta trasformando numerosi aspetti della società, dalla sanità all'economia, e ora emerge come possibile strumento per migliorare i processi decisionali in ambito politico. L'automazione e l'analisi avanzata dei dati potrebbero supportare le istituzioni democratiche nella gestione delle politiche pubbliche, garantendo trasparenza, efficienza e inclusione. Tuttavia, l'uso dell'IA nella democrazia solleva interrogativi etici e pratici che devono essere affrontati con attenzione.

1. L'IA nel Processo Decisionale Politico

1.1 Analisi dei Dati e Predizioni delle Necessità Sociali

L'IA può raccogliere ed elaborare enormi quantità di dati provenienti da cittadini, istituzioni e trend globali, individuando priorità politiche e prevedendo crisi future con maggiore precisione.

1.2 Democrazia Partecipativa e Decisioni Basate sui Dati

L'uso di piattaforme basate su IA potrebbe migliorare la partecipazione dei cittadini, consentendo votazioni digitali sicure e consultazioni più efficaci sulle politiche pubbliche.

1.3 Riduzione della Corruzione e Maggiore Trasparenza

Gli algoritmi potrebbero monitorare la spesa pubblica e i processi legislativi per individuare e prevenire fenomeni di corruzione, aumentando la fiducia nelle istituzioni.

2. Modelli di Democrazia Supportati dall'IA

2.1 Democrazia Diretta Digitale

L'IA potrebbe facilitare un sistema di voto continuo su questioni politiche, rendendo ogni cittadino partecipe delle decisioni legislative attraverso piattaforme digitali avanzate.

2.2 Democrazia Rappresentativa con Supporto IA

In questo modello, i governi utilizzerebbero strumenti di IA per analizzare le preferenze dei cittadini e suggerire politiche che rispondano in modo più efficace alle esigenze collettive.

2.3 Governance Algoritmica

Alcune decisioni amministrative potrebbero essere automatizzate, riducendo il peso della burocrazia e aumentando l'efficienza della gestione pubblica.

3. Benefici dell'IA nella Democrazia

3.1 Efficienza nella Creazione e Applicazione delle Politiche

L'IA potrebbe accelerare l'analisi di scenari complessi e suggerire soluzioni basate su evidenze concrete, riducendo il tempo necessario per la formulazione delle leggi.

3.2 Personalizzazione delle Politiche Pubbliche

Gli algoritmi potrebbero adattare le misure politiche alle necessità specifiche di diverse comunità, migliorando la qualità della vita e l'equità sociale.

3.3 Maggiore Inclusione e Rappresentatività

Piattaforme digitali basate su IA potrebbero permettere a gruppi tradizionalmente esclusi di partecipare attivamente al processo decisionale.

4. Sfide e Criticità

4.1 Bias Algoritmici e Mancanza di Neutralità

L'IA riflette i dati con cui è addestrata. Se questi dati contengono pregiudizi, l'algoritmo potrebbe amplificare disuguaglianze esistenti o favorire determinati gruppi politici.

4.2 Sicurezza e Privacy dei Dati

L'uso di IA nella governance richiede la gestione di enormi quantità di dati personali, con il rischio di violazioni della privacy e manipolazioni informatiche.

4.3 Legittimità e Fiducia Pubblica

Affidare decisioni politiche a un sistema basato su IA potrebbe ridurre la fiducia dei cittadini nel processo democratico, specialmente se percepito come un'erosione del ruolo umano nella governance.

5. Il Futuro della Democrazia con IA

5.1 Integrazione dell'IA nei Processi Legislativi

L'IA potrebbe essere utilizzata come strumento di supporto ai legislatori, suggerendo modifiche alle leggi basate su simulazioni e analisi predittive.

5.2 Modelli Ibridi di Governance

Il futuro potrebbe vedere una combinazione tra decisori umani e IA, in cui i sistemi artificiali forniscono raccomandazioni basate sui dati, ma il giudizio finale resta agli esseri umani.

5.3 Creazione di Normative Etiche per l'IA Politica

Per garantire un uso equo e sicuro dell'IA nella democrazia, sarà essenziale sviluppare normative etiche e framework di controllo indipendenti.

Conclusione

L'IA ha il potenziale per rivoluzionare la democrazia, rendendola più efficiente, trasparente e partecipativa. Tuttavia, il suo utilizzo deve essere attentamente regolamentato per evitare rischi di manipolazione, discriminazione e perdita di fiducia nei sistemi politici. L'equilibrio tra innovazione e governance umana sarà la chiave per una democrazia digitale equa e sostenibile.

47. Maggiore durata della vita – Con più ricerca e medicina avanzata, le persone vivranno più a lungo

Introduzione

L'aspettativa di vita umana è aumentata significativamente negli ultimi secoli grazie ai progressi nella medicina, nell'igiene e nella nutrizione. Tuttavia, con l'accelerazione della ricerca scientifica, l'uso dell'intelligenza artificiale e lo sviluppo di nuove terapie genetiche, il futuro potrebbe riservare una vita ancora più lunga e in salute. Questo documento esplora come la scienza stia rivoluzionando la longevità umana e quali sfide etiche, sociali ed economiche questo cambiamento comporti.

1. Il Ruolo della Medicina Moderna

1.1 Progressi nella Prevenzione delle Malattie

Grazie alla diagnosi precoce e alla medicina preventiva, molte malattie che una volta erano fatali sono ora gestibili o addirittura prevenibili. Screening avanzati e test genetici personalizzati consentono di identificare i rischi prima che si manifestino sintomi.

1.2 Terapie Genetiche e Medicina Personalizzata

L'editing genetico, con tecnologie come CRISPR, sta aprendo nuove possibilità per correggere mutazioni genetiche responsabili di malattie ereditarie, aumentando la qualità e la durata della vita.

1.3 Intelligenza Artificiale e Diagnosi Precoci

L'IA sta rivoluzionando la medicina, analizzando enormi quantità di dati per fornire diagnosi più accurate e personalizzate, migliorando i trattamenti e riducendo gli errori medici.

2. Nuove Terapie e Farmaci Innovativi

2.1 Nanotecnologie Applicate alla Medicina

Le nanomacchine potrebbero essere utilizzate per riparare cellule danneggiate, eliminare cellule cancerogene o rigenerare tessuti danneggiati, rallentando l'invecchiamento cellulare.

2.2 Farmaci Anti-Invecchiamento

La ricerca su molecole come la metformina e la rapamicina suggerisce che alcuni farmaci potrebbero rallentare il processo di invecchiamento e prevenire malattie legate all'età.

2.3 Terapie Rigenerative e Clonazione Cellulare

Le cellule staminali offrono la possibilità di rigenerare organi e tessuti, riducendo la necessità di trapianti e migliorando la qualità della vita nelle persone anziane.

3. Stili di Vita e Longevità

3.1 Alimentazione e Nutrizione Personalizzata

Diete su misura basate sul profilo genetico possono ottimizzare la salute e ridurre il rischio di malattie croniche legate all'invecchiamento.

3.2 Attività Fisica e Longevitá

L'esercizio fisico regolare migliora la funzione cardiovascolare e cognitiva, aumentando le possibilità di una vita lunga e in salute.

3.3 Gestione dello Stress e Benessere Mentale

Tecniche di meditazione, mindfulness e riduzione dello stress contribuiscono a ridurre il rischio di malattie legate all'infiammazione cronica e all'invecchiamento.

4. Implicazioni Sociali ed Economiche

4.1 L'Impatto sull'Assistenza Sanitaria

Una popolazione più longeva richiede nuovi modelli di assistenza sanitaria sostenibili e accessibili.

4.2 Riforma del Sistema Pensionistico

L'aumento dell'aspettativa di vita potrebbe portare a una revisione delle politiche previdenziali e dei modelli di lavoro.

4.3 Disparità nell'Accesso alle Cure

La longevità potrebbe diventare un privilegio per chi può permettersi trattamenti avanzati, aumentando le disuguaglianze sociali.

---

5. Il Futuro della Longevità Umana

5.1 Ricerche su Immortalità Biologica

Alcuni scienziati stanno esplorando modi per fermare completamente il processo di invecchiamento, attraverso la rigenerazione cellulare e l'ibernazione criogenica.

5.2 Integrazione tra Uomo e Tecnologia

La bioingegneria potrebbe portare a impianti cibernetici e interfacce neurali che migliorano le capacità cognitive e fisiche, estendendo ulteriormente la durata della vita.

5.3 Aspetti Etici della Vita Prolungata

Un mondo in cui gli esseri umani possono vivere per secoli solleva domande sulla sostenibilità della popolazione e sul significato della vita stessa.

Conclusione

Grazie alla ricerca scientifica e ai progressi tecnologici, l'umanità è sulla soglia di una rivoluzione nella longevità. Tuttavia, le sfide etiche, sociali ed economiche dovranno essere affrontate con attenzione per garantire che i benefici di una vita più lunga siano equamente distribuiti e sostenibili per il pianeta.

48. Fine dell'idea di "pensionamento" – Non ci sarà più un'età per smettere di lavorare

Introduzione

L'idea tradizionale di pensionamento si basa su un modello industriale obsoleto in cui il lavoro era fisicamente usurante e richiedeva un termine definitivo. Tuttavia, con l'aumento dell'aspettativa di vita, i progressi tecnologici e il cambiamento delle dinamiche economiche, il concetto di smettere di lavorare a un'età prestabilita potrebbe diventare obsoleto. Questo documento esplora le cause, le implicazioni e le possibili soluzioni per un futuro senza pensionamento formale.

---

1. L'Evoluzione del Lavoro e della Longevità

1.1 Aumento dell'Aspettativa di Vita

Le persone vivono più a lungo e rimangono in salute per decenni dopo l'età pensionabile tradizionale. Questo rende insostenibile l'idea di mantenere per 30-40 anni una popolazione economicamente inattiva.

1.2 Tecnologia e Automazione

L'intelligenza artificiale e l'automazione stanno riducendo il carico fisico del lavoro, rendendo possibile lavorare più a lungo senza conseguenze sulla salute.

1.3 La Fine del Lavoro Tradizionale

Con il diffondersi di lavori digitali, autonomi e creativi, il concetto di pensionamento come interruzione totale del lavoro sta scomparendo.

2. Il Nuovo Modello di Lavoro

2.1 Lavoro Flessibile e Senza Età

In futuro, il lavoro potrebbe non avere più limiti di età. Le persone sceglieranno quanto e quando lavorare in base alle proprie esigenze e capacità.

2.2 Formazione Continua e Adattabilità

La necessità di apprendere nuove competenze durante tutta la vita lavorativa renderà superfluo il concetto di "fine della carriera".

2.3 Lavoro come Attività Creativa e Sociale

Sempre più persone vedono il lavoro non come un obbligo, ma come un'opportunità di crescita personale e contributo alla società.

3. Le Implicazioni Economiche e Sociali

3.1 Sostenibilità dei Sistemi Pensionistici

Con un numero crescente di anziani e un calo delle nascite, i sistemi pensionistici tradizionali diventano insostenibili. Eliminare il pensionamento formale potrebbe riequilibrare l'economia.

3.2 Equità e Nuovi Modelli di Reddito

L'idea di un reddito universale o di una pensione progressiva basata sul contributo lavorativo anziché sull'età potrebbe diventare il nuovo standard.

3.3 Lavoro e Salute Mentale

Molte persone che smettono di lavorare sperimentano isolamento e perdita di scopo. Un modello senza pensionamento forzato potrebbe migliorare il benessere psicologico.

---

4. Sfide e Soluzioni

4.1 Precarietà e Sfruttamento

Senza un sistema chiaro, c'è il rischio che le persone siano costrette a lavorare per tutta la vita senza garanzie. Servono politiche di protezione per garantire scelte libere.

4.2 Differenze di Settore e Capacità

Non tutti i lavori sono adatti a essere svolti fino a tarda età. La riqualificazione e il supporto devono essere una priorità.

4.3 Nuove Strutture per il Tempo Libero

Un futuro senza pensionamento formale dovrà includere periodi di pausa e un equilibrio tra lavoro e tempo libero per garantire una qualità di vita elevata.

---

5. Il Futuro del Lavoro Senza Pensionamento

5.1 Modelli di Lavoro a Cicli

Piuttosto che un pensionamento definitivo, le persone potrebbero alternare periodi di lavoro a fasi di pausa durante la vita.

5.2 Automazione e Riduzione del Carico Lavorativo

Se il lavoro sarà sempre meno gravoso grazie alla tecnologia, sarà più facile continuare a contribuire senza esaurimento.

5.3 Lavoro come Scelta, Non Necessità

L'idea di "dover lavorare" potrebbe lasciare spazio a un modello in cui il lavoro è solo una delle opzioni per rimanere attivi e connessi alla società.

Conclusione

La fine del concetto di pensionamento non significa la fine del riposo, ma una trasformazione radicale del modo in cui concepiamo il lavoro. Con l'aumento della longevità e l'automazione, il futuro potrebbe essere caratterizzato da maggiore libertà di scelta, adattabilità e un equilibrio più sano tra lavoro e vita personale.

49. Aumento della simbiosi uomo-macchina – Potremmo integrare l'IA nei nostri corpi e cervelli.

Introduzione

L'integrazione tra uomo e macchina sta diventando una realtà sempre più concreta grazie ai progressi nella biotecnologia, nell'intelligenza artificiale (IA) e nella neuroingegneria. Tecnologie come le interfacce cervello-computer (BCI), gli impianti neurali e i dispositivi cibernetici potrebbero trasformare radicalmente il modo in cui pensiamo, comunichiamo e interagiamo con il mondo. Questa crescente simbiosi tra esseri umani e intelligenza artificiale potrebbe non solo migliorare le nostre capacità cognitive e fisiche, ma anche ridefinire il concetto stesso di umanità.

1. Tecnologie Chiave della Simbiosi Uomo-Macchina

1.1 Interfacce Cervello-Computer (BCI)

Le BCI consentono di collegare il cervello umano ai computer, permettendo il controllo diretto di dispositivi digitali attraverso il pensiero. Aziende come Neuralink stanno sviluppando impianti neurali in grado di migliorare la comunicazione e il controllo motorio.

1.2 Protesi Bioniche e Cybernetiche

Le protesi avanzate stanno diventando sempre più sofisticate grazie all'IA, consentendo a persone con disabilità di riacquisire funzionalità motorie e sensoriali.

1.3 Chip Neurali e Memoria Aumentata

Impianti cerebrali potrebbero potenziare la memoria e le capacità cognitive, facilitando l'apprendimento e l'accesso immediato a informazioni.

1.4 Nanotecnologie Biologiche

Le nanomacchine potrebbero essere integrate nel corpo umano per riparare danni cellulari, combattere malattie e ottimizzare le prestazioni biologiche.

---

2. Benefici della Fusione Uomo-IA

2.1 Potenziamento Cognitivo

Con l'IA integrata nel cervello, le persone potrebbero elaborare informazioni più velocemente, apprendere nuove competenze in tempi ridotti e migliorare la creatività.

2.2 Comunicazione Diretta tra Menti

Le interfacce neurali potrebbero permettere la telepatia digitale, consentendo agli esseri umani di comunicare senza parole.

2.3 Eliminazione delle Limitazioni Fisiche

Gli impianti cibernetici potrebbero migliorare le capacità motorie e sensoriali, permettendo a chiunque di superare le proprie limitazioni biologiche.

2.4 Prevenzione e Cura delle Malattie

L'IA integrata nel corpo potrebbe monitorare la salute in tempo reale, diagnosticare malattie precocemente e intervenire automaticamente per prevenirle.

3. Implicazioni Sociali ed Etiche

3.1 Disuguaglianze e Accesso alla Tecnologia

L'integrazione uomo-macchina potrebbe creare una frattura tra chi può permettersi questi miglioramenti e chi ne è escluso, aumentando le disuguaglianze sociali.

3.2 Perdita dell'Identità Umana

Se l'IA prende il controllo di una parte significativa delle funzioni cognitive, gli esseri umani potrebbero perdere parte della loro autonomia e individualità.

3.3 Sicurezza e Controllo Mentale

Gli impianti neurali potrebbero essere vulnerabili a cyberattacchi, sollevando preoccupazioni sulla sicurezza mentale e sulla possibilità di manipolazione.

3.4 Regolamentazione e Diritti Digitali

Sarà fondamentale stabilire leggi che regolino l'uso degli impianti neurali e dell'IA biologica per evitare abusi e garantire che la tecnologia sia usata per il bene collettivo.

---

4. Il Futuro della Simbiosi Uomo-Macchina

4.1 Fusione Completa tra Biologia e Tecnologia

Con il tempo, la distinzione tra umano e macchina potrebbe diventare sempre più sfumata, portando alla creazione di esseri ibridi capaci di superare le limitazioni biologiche.

4.2 Umanità 2.0: Evoluzione o Trasformazione?

Se la tecnologia permetterà miglioramenti continui del corpo e della mente, potrebbe emergere una nuova specie post-umana con capacità superiori agli esseri umani tradizionali.

4.3 L'IA come Estensione della Mente

Piuttosto che sostituire l'intelletto umano, l'IA potrebbe diventare una sua estensione naturale, aiutando le persone a esplorare il cosmo, risolvere problemi globali e ampliare la conoscenza.

Conclusione

L'integrazione tra uomo e intelligenza artificiale rappresenta una delle più grandi sfide e opportunità della nostra epoca. Se gestita con saggezza ed equilibrio, questa simbiosi potrebbe aprire la strada a un futuro in cui l'umanità supera i propri limiti e raggiunge nuove vette di conoscenza e capacità. Tuttavia, sarà essenziale affrontare le implicazioni etiche e sociali per garantire che questo progresso sia accessibile e sicuro per tutti.

50. Un nuovo senso di esistenza – Con il lavoro fuori dall'equazione, l'umanità dovrà ridefinire il suo scopo

Introduzione

Per millenni, il lavoro ha definito l'identità umana, fornendo un senso di scopo, struttura e contributo alla società. Tuttavia, con l'avvento dell'intelligenza artificiale, della robotica avanzata e dell'automazione su larga scala, il lavoro come necessità economica potrebbe scomparire. Se l'umanità non dovesse più lavorare per sopravvivere, quale sarebbe il suo nuovo senso di esistenza? Questo documento esplora le possibili direzioni che la società potrebbe prendere in un mondo in cui il lavoro non è più un obbligo.

---

1. Il Tramonto del Lavoro Come Necessità

1.1 Automazione Totale e Disoccupazione Tecnologica

L'intelligenza artificiale e i robot stanno progressivamente sostituendo le mansioni umane in quasi tutti i settori, dall'industria manifatturiera ai servizi professionali. Ciò solleva la questione: cosa faranno le persone quando non saranno più necessarie per la produzione economica?

1.2 Reddito Universale e Nuovi Modelli Economici

L'assenza di lavoro richiederebbe una redistribuzione della ricchezza attraverso modelli come il reddito di base universale (UBI), garantendo a tutti i cittadini i mezzi per vivere senza dover lavorare per uno stipendio.

1.3 Tempo Libero e Riorganizzazione Sociale

Con il tempo liberato dal lavoro, le persone potrebbero dedicarsi ad attività creative, educative e sociali, ridefinendo il concetto stesso di produttività.

2. Ridefinizione dello Scopo Esistenziale

2.1 Creatività e Espressione Artistica

L'arte, la musica, la scrittura e le altre forme di espressione creativa potrebbero diventare i nuovi pilastri dell'esistenza umana, con più persone impegnate nella produzione culturale.

2.2 Ricerca della Conoscenza

Liberati dal vincolo del lavoro, gli esseri umani potrebbero dedicare le loro vite alla scienza, alla filosofia e all'esplorazione dell'universo, accelerando il progresso intellettuale.

2.3 Connessione e Comunità

Il tempo libero potrebbe essere investito nella costruzione di relazioni più profonde, comunità più coese e nuovi modelli di interazione sociale basati sulla condivisione e sull'empatia.

3. I Rischi di una Vita Senza Lavoro

3.1 Perdita di Scopo e Crisi Esistenziale

Molte persone identificano il proprio valore attraverso il lavoro. La sua scomparsa potrebbe portare a una crisi di significato, ansia e depressione diffusa.

3.2 Disuguaglianze e Controllo delle Risorse

Senza un'equa distribuzione della ricchezza, una minoranza potrebbe detenere tutto il potere economico, lasciando il resto dell'umanità in una situazione di dipendenza.

3.3 Abuso della Tecnologia e Manipolazione

Con l'IA che fornisce intrattenimento e stimolazione costante, gli individui potrebbero cadere in forme di alienazione digitale, vivendo in realtà virtuali piuttosto che affrontare il mondo reale.

4. Nuovi Modelli di Crescita Umana

4.1 Educazione Permanente e Apprendimento Continuo

L'assenza di lavoro potrebbe portare a una società fondata sulla conoscenza, in cui gli individui passano la vita ad apprendere nuove discipline e sviluppare nuove competenze.

4.2 Espansione dello Spazio e dell'Esplorazione Umana

Senza i vincoli del lavoro, l'umanità potrebbe dedicarsi all'esplorazione dello spazio e alla colonizzazione di altri pianeti come nuovo scopo esistenziale.

4.3 Filosofia e Spiritualità

In assenza di obblighi economici, le persone potrebbero rivolgersi alla riflessione filosofica, alla spiritualità e alla meditazione per trovare un nuovo senso dell'esistenza.

5. Il Futuro dell'Umanità

5.1 Un'Utopia di Creatività e Condivisione

In un mondo senza lavoro obbligatorio, la società potrebbe prosperare grazie alla cooperazione, alla ricerca della bellezza e allo sviluppo del potenziale umano.

5.2 Il Pericolo della Stagnazione

Se le persone non riuscissero a trovare nuovi stimoli, potrebbero cadere in una forma di apatia collettiva, con conseguenze imprevedibili sullo sviluppo della civiltà.

5.3 La Scelta tra Evoluzione e Decadenza

L'umanità dovrà decidere se usare il proprio tempo per espandere le proprie capacità o lasciarsi sopraffare dall'inerzia, determinando il futuro della civiltà.

Conclusione

La scomparsa del lavoro come necessità economica rappresenta una delle trasformazioni più radicali nella storia dell'umanità. Per evitare il vuoto esistenziale e garantire un futuro prospero, sarà necessario ridefinire il significato della vita umana, promuovendo la conoscenza, la creatività e la connessione tra individui. La vera sfida non sarà l'assenza di lavoro, ma la capacità dell'umanità di trovare nuovi modi per dare senso alla propria esistenza.

Adesso sai come sarà il mondo con l'introduzione dell'Intelligenza Artificiale! Se il libro ti è piaciuto lascia una recensione a 5 stelle. Grazie per il supporto!